AF463382

HISTOIRE

DE

LA COMMUNE

DE 1871

PAR

Georges NOBLET

PARIS

IMPRIMERIE ET LIBRAIRIE DE CHARLES NOBLET

18, RUE SOUFFLOT, 18

1871

M. THIERS.

HISTOIRE

DE

LA COMMUNE

DE 1871

PAR

G NOBLET

PARIS

IMPRIMERIE ET LIBRAIRIE DE CHARLES NOBLET

18, RUE SOUFFLOT, 18

1871

HISTOIRE

DE

LA COMMUNE

PREMIÈRE PARTIE.

LE COMITÉ CENTRAL.

Le siége de Paris et la façon dont il avait pris fin avaient jeté dans certaines couches de la population parisienne des éléments d'irritation. Les uns avaient hautement crié à la trahison, étonnés que les efforts qu'ils n'avaient pas faits n'eussent pas amené un meilleur résultat; les autres, plus modérés, accusaient l'incapacité des chefs, et, les voyant demeurer au pouvoir, s'en prenaient au gouvernement lui-même et rêvaient un changement de système personnifié dans certaines notabilités de la presse ou des clubs. A ces deux catégories de mécontents s'était jointe la plus grande partie du petit commerce parisien : dans la crise effroyable qui avait fondu sur Paris et d'une ville naguère si florissante avait fait une ville désormais ruinée, le sentiment de la délicatesse, il faut le dire, ce sentiment si susceptible qui est l'essence même des relations commerciales, avait baissé : avec la paix, les engagements reprenaient cours; or, on s'était habitué à ne plus faire face à ses échéances, à ne plus payer son loyer, et tout à coup on se trouvait replacé devant son débiteur et devant son propriétaire! Et l'on n'était prêt à satisfaire ni l'un ni l'autre, c'est-à-dire qu'on se voyait à la veille de poursuites, de faillite, d'expropriation, qu'un nouveau changement politique pouvait seul conjurer. Et un grand nombre de gens n'hésitaient pas, en vue d'allonger le terme de leurs engagements, à courir les plus folles aventures.

Certains partis, certains ambitieux, d'autres que la révolution du 4 septembre avait précipités de leurs positions élevées, et, pourquoi ne pas le dire? les agents de M. de Bismark sans doute, qui avaient tout intérêt à nos discordes civiles, attisaient ces éléments de troubles et ne laissaient passer aucune occasion de susciter des embarras au gouvernement de l'Assemblée nationale nommée après la capitulation de Paris.

Telle était la situation des esprits lorsque, le 26 février, le bruit courut que l'armée allemande devait entrer le lendemain dans Paris, en vertu des préliminaires de paix, et occuper la ville bon gré mal gré. Cette nouvelle, tout inexacte qu'elle fût pour le moment, augmenta l'agitation qui se manifestait depuis quelques jours par des promenades de bataillons de garde nationale venant, à l'occasion de l'anniversaire du 24 février, déposer des couronnes à la colonne de Juillet. Cependant la nuit du 26 au 27 dit un journal, une grande animation a régné dans divers quartiers de Paris, et surtout aux Champs-Elysées. La population, ignorant que les préliminaires de paix avaient été signés, s'attendait à voir les Prussiens opérer leur entrée dans la capitale à partir de minuit. Environ 15,000 gardes nationaux en armes faisant partie des bataillons appartenant aux quartiers de Montmartre, La Chapelle, Ménilmontant, Belleville, Montrouge, etc., se dirigèrent vers les Champs-Elysées, devant le Palais de l'Industrie. On décida de se transporter place Wagram, où se trouve installé depuis peu de temps un immense parc d'artillerie, et d'en enlever les engins de guerre qui étaient déposés en cet endroit, l'un de ceux qui devaient, croyait-on, être occupés des premiers par l'ennemi.

« Dans plusieurs quartiers, on a sonné le tocsin et le rappel a été battu, afin d'inviter les gardes nationaux à se porter à la rencontre des Prussiens et d'empêcher leur entrée dans Paris. Des gardes nationaux se sont empressés d'aller occuper leurs secteurs; d'autres se portaient au plus vite vers les parcs d'artillerie et en enlevaient, en les traînant à bras, les canons ainsi que les caissons provenant des souscriptions ouvertes parmi les bataillons de la milice parisienne. Ces alertes ne se sont peu à peu calmées que quand on a appris que l'entrée de l'ennemi était ajournée au 1er mars.

« Nous descendons vers deux heures jusqu'à la place des Vosges, où nous voyons quatre batteries et demie de canons neufs, que garde un piquet du 183e bataillon. Ces vingt-sept pièces, nous raconte un garde national, font partie de celles qui se trouvaient déposées dans le parc d'artillerie de la place Wagram et qui ont été traînées jusque-là par les gardes du 183e bataillon hier soir et la nuit dernière.

« Des orateurs prétendent que l'ennemi a essayé cette nuit de s'avancer dans l'avenue de Neuilly, mais qu'il a dû rebrousser chemin en présence de l'attitude de nos soldats. D'autres racontent que près de vingt mille gardes nationaux étaient rassemblés devant le Palais de l'Industrie avec des pièces de canon et des fusils chargés.

« D'honorables citoyens s'efforcent de démontrer aux plus exaltés combien il serait imprudent d'engager une collision et quels maux pourraient fondre sur notre population déjà si éprouvée, s'il survenait une lutte entre les troupes prussiennes et les habitants. Le plus grand calme, du reste, règne dans les Champs-Elysées et les avenues de la Grande-Armée et de Neuilly. De temps à autre on voit passer des officiers d'état-major et des estafettes, ainsi que les fourgons ramenant à Paris des objets servant au campement des troupes. Un certain nombre de curieux se tiennent devant la porte du pavillon sud-ouest du Palais de l'Industrie, afin d'assister au déménagement des provisions de bouche ou des objets d'habillements militaires qui y étaient renfermés.

« A l'ancienne barrière de Clichy, au pied de la statue du maréchal Moncey, la foule est très-animée. On s'entretient dans les groupes des événements de la nuit, c'est-à-dire de l'enlèvement des canons appartenant à la garde nationale. On commente les affiches apposées ce matin et les conditions de paix imposées par la Prusse.

« Sur la place Saint-Pierre, à Montmartre, une

affluence considérable entoure un piquet du 168e bataillon montant la garde auprès de trois mitrailleuses de nouveau modèle, que l'on a été chercher dans des ateliers de la rue Rochechouart.

« Ainsi que nous avons déjà pu le constater, le public, malgré les affiches apposées à profusion sur tous les murs, paraît ignorer complétement encore ce que le gouvernement a pris soin de lui expliquer. En effet, nous entendons constamment affirmer que les Prussiens sont entrés cette nuit, et qu'ils occupent les maisons de l'avenue de Neuilly. Il se rencontre même des individus qui osent affirmer avoir vu ce matin la cavalerie prussienne défiler autour de l'Arc de Triomphe.

« De temps à autre on rencontre des gardes nationaux traînant des affûts, des caissons ou des canons. Rue Custine, près le boulevard Ornano, une compagnie du 129e bataillon monte la garde autour d'une dizaine de pièces d'artillerie. Un peu plus loin, dans cette même rue, quatre mitrailleuses sont gardées par un détachement du 79e bataillon. Sur le boulevard Ornano, une affluence énorme stationne et examine une vingtaine de pièces de différents calibres que gardent les compagnies appartenant au 129e et au 99e bataillon. Un peu plus bas, près de la rue Myrrha, une compagnie du 158e bataillon veille sur deux canons neufs se chargeant par la culasse.

« Il règne sur toute la ligne des anciens boulevards une émotion non moins grande que celle qui existe dans tous les quartiers de la capitale. »

Le 27, M. Thiers, chef du pouvoir exécutif, informait la population parisienne de l'entrée des troupes allemandes pour le 1er mars, et de son séjour dans ses murs jusqu'à la ratification, par l'Assemblée nationale, des préliminaires de paix. Malgré les efforts les plus opiniâtres il n'avait pu épargner cette souillure à la grande ville et offrait en compensation la place de Belfort qu'il conservait à la France. De son côté, le général Vinoy, commandant de la garde nationale et de l'armée de Paris, faisait appel au patriotisme de la garde nationale en lui recommandant le calme, et en se plaignant que précédemment, sans ordre, le rappel eût été battu dans certains bataillons. Tous les journaux prenaient la résolution de suspendre leur publication pendant l'occupation prussienne.

La journée du 28 se passa dans une émotion croissante. La garde nationale de la butte Montmartre, supposant que les Allemands pourraient vouloir étendre leur occupation jusque-là, s'occupa, malgré les ordres de l'autorité, à construire des barricades devant les principales avenues.

Le *Journal des Débats* racontait comme il suit la

journée du 1er mars, qui avait suivi l'entrée des Prussiens dans la capitale de la France :

« Presque toutes les boutiques sont fermées. Sur beaucoup de volets on lit ces mots : « Fermé pour cause de deuil national ou public. » Des drapeaux noirs sont suspendus aux fenêtres d'un certain nombre de maisons. Toutes les grilles du Louvre, du Carrousel et des Tuileries sont fermées. Rue de Rivoli, à l'angle de la rue Saint-Florentin, il existe une double rangée de caissons d'artillerie formant barrière. L'entrée de la rue Royale est barrée de la même façon. Une quinzaine de femmes qui avaient été vues causant avec des Prussiens dans les Champs-Elysées sont fort maltraitées par des gamins stationnant eux-mêmes devant les soldats prussiens. Depuis l'arrivée des détachements ennemis, ils ne se contentent pas d'enlever à quelques-unes de ces femmes leurs manteaux, leurs chapeaux, leurs chignons ; ils leur infligent la correction manuelle réservée ordinairement aux enfants. Les cris : « A l'eau ! à l'eau ! » commencent à être poussés avec insistance par ces jeunes drôles. Deux femmes, qui ont été l'objet de ces mauvais traitements, ont été conduites, plus mortes que vives, au ministère de la marine. Le soupçon d'avoir causé avec un Prussien ou seulement de ressembler à un Allemand suffit pour ameuter cette bande de désœuvrés contre les passants. Les quartiers occupés par les troupes ennemies appartiennent aux 7e, 16e et 17e arrondissements. »

Cependant la ratification des préliminaires de paix avait été votée par l'Assemblée, et les Prussiens, aux termes des conventions, sortaient de Paris le 3 mars au matin, après y avoir passé quarante-huit heures, plus étonnés assurément que glorieux de s'y être vus.

Débarrassée de la présence de l'étranger, Paris se reprit à jeter les yeux sur l'Assemblée qui siégeait à Bordeaux, et qui avait la tâche de relever ce malheureux pays désorganisé par cinq mois de désastres successifs. La plupart des députés qu'elle avait nommés, champions des idées les plus avancées, contrastaient avec les choix faits par la province. Paris, vaincu seulement par la famine, eût voulu continuer la lutte; saccagée, ruinée, occupée encore par l'ennemi, la province avait hâte de respirer et de reprendre la vie de tous les jours. De là un courant d'opinions opposées, de là des malentendus, un redoutable antagonisme entre Paris et la France. Ces malentendus furent encore accrus par la résolution de l'Assemblée de siéger hors de Paris, où se dressaient menaçants les souvenirs des 24 février et 15 mai 1848, ainsi que du 4 septembre 1870.

Quelque modération que déployât le gouvernement,

de quelque loyauté qu'il entourât tous ses actes, une défiance véritable ou supposée persistait dans les esprits, ainsi qu'une agitation dont témoignait une proclamation du ministre de l'intérieur à la date du 4 mars, et ainsi conçue :

« Les faits les plus regrettables se sont produits depuis quelques jours, et menacent gravement la paix de la cité. Des gardes nationaux en armes, obéissant, non à leurs chefs légitimes, mais à un Comité central anonyme, qui ne peut leur donner aucun ordre sans commettre un crime sévèrement puni par les lois, se sont emparés d'un grand nombre d'armes et de munitions de guerre, sous prétexte de les soustraire à l'ennemi, dont ils redoutaient l'invasion. Il semblait que de pareils actes dussent cesser après la retraite de l'armée prussienne. Il n'en a rien été : ce soir, le poste des Gobelins a été forcé et des cartouches ont été pillées.

« Ceux qui provoquent ces désordres assument sur eux une terrible responsabilité ; c'est au moment où la ville de Paris, délivrée du contact de l'étranger, aspire à reprendre ses habitudes de calme et de travail, qu'ils sèment le trouble et préparent la guerre civile. Le gouvernement fait appel aux bons citoyens pour étouffer dans leurs germes ces coupables manifestations.

« Que tous ceux qui ont à cœur l'honneur et la paix de la cité se lèvent ; que la garde nationale, repoussant de perfides instigations, se range autour de ses chefs et prévienne des malheurs dont les conséquences seraient incalculables. Le gouvernement et le général en chef sont décidés à faire énergiquement leur devoir ; ils feront exécuter les lois ; ils comptent sur le patriotisme et le dévouement de tous les habitants de Paris.

« *Le ministre de l'intérieur,*

« E. PICARD. »

Quel était ce Comité central dont on signalait ainsi l'influence occulte ? Le document suivant va faire connaître et les hommes qui le composaient, et les opinions qui y avaient cours.

« Le Comité central de la garde nationale, nommé dans une assemblée générale de délégués représentant plus de deux cents bataillons, a pour mission de constituer la fédération républicaine de la garde nationale, afin qu'elle soit organisée de manière à protéger le pays mieux que n'ont pu le faire jusqu'alors les armées permanentes, et à défendre, par tous les moyens possibles, la République menacée. Le Comité central n'est pas un comité anonyme, il est la réunion de mandataires d'hommes libres qui connaissent leurs devoirs, affirment leurs droits et veulent fonder la solidarité entre tous les membres de la garde nationale. Il proteste donc contre toutes les imputations qui tendraient à dénaturer l'expression de son programme pour en entraver l'exécution. Ses actes ont toujours été signés ; ils n'ont eu qu'un mobile, la défense de Paris. Il repousse avec mépris les calomnies tendant à l'accuser d'excitation au pillage d'armes et de munitions, et à la guerre civile. L'expiration de l'armistice, sur la prolongation duquel le *Journal officiel* du 26 février était resté muet, avait excité l'émotion légitime de Paris tout entier. La reprise des hostilités, c'était, en effet, l'invasion, l'occupation et toutes les calamités que subissent les villes ennemies. Aussi la fièvre patriotique qui, en une nuit, souleva et mit en armes toute la garde nationale, ne fut pas l'influence d'une commission provisoire nommée pour l'élaboration des statuts : c'était l'expression réelle de l'émotion ressentie par la population. Quand la convention relative à l'occupation fut officiellement connue, le Comité central, par une déclaration affichée dans Paris, engagea les citoyens à assurer, par leur concours énergique, la stricte exécution de cette convention. A la garde nationale revenait le droit et le devoir de protéger, de défendre ses foyers menacés. Levée tout entière spontanément, elle seule, par son attitude, a su faire de l'occupation prussienne une humiliation pour le vainqueur.

« Vive la République !

« Paris, le 4 mars 1871.

« ARNOLD, JULES BERGERET, BOUIT, CASTIONI, CHAUVIÈRE, CHOUTEAU, GOURNY, DUTIL, FLEURY, FRONTIER, GASTEAU, HENRI FORTUNÉ, LACCORD, LAGARDE, LAVALETTE, MALJOURNAL, MATTÉ, MUTTIN, OSTYN, PICONEL, PINDY, PRUDHOMME, VARLIN, HENRI VERLET, VIARD. »

La publication seule de ce manifeste peut donner l'idée de l'état d'anarchie dans lequel était tombé notre malheureux pays. Comment ! face à face avec le gouvernement établi, s'affirme, de sa propre autorité, un autre gouvernement qui traite d'égal à égal, donne des ordres dans la cité, et est plus obéi que l'Assemblée nationale elle-même ! Et cette faction, cet audacieux conciliabule, formé de tous les appétits inavouables, de tous les mauvais instincts, les ministres, détenteurs du pouvoir, défenseurs naturels de la société, ne l'arrêtent pas, ils laissent dormir la loi devant cette criminelle manifestation ! Voilà un fait incompréhensible, et qui, jusqu'à présent, n'a pas encore été expliqué. Sans doute ils ne disposaient pas de forces considérables, ou celles qu'ils avaient sous la main n'inspiraient pas toute confiance; ou bien, préoccupés surtout de conclure la paix au plus vite, ils n'accordaient pas au Comité l'importance qu'il révéla plus tard. Qu'importaient à ce moment des proclamations où le pouvoir exécutif faisait appel à la concorde et à l'union des citoyens devant l'ennemi ? Ce langage élevé, les passions populaires ne le comprenaient pas ou en suspectaient la sincérité; le moment n'était pas à la parole, il fallait agir. Quoi qu'il en soit, rien ne fut tenté pour réprimer cette usurpation.

Quelques jours après cependant, le général Valentin, détaché de l'état-major général, était chargé de la préfecture de police. Cette nomination indiquait la volonté arrêtée de mettre fin à la situation prise, sur quelques points de Paris, par certains bataillons de la garde nationale. Le 18 mars, le gouvernement faisait un autre pas dans cet ordre d'idées, par la proclamation suivante signée par M. Thiers et par tous les ministres en fonctions :

« Habitants de Paris,

« Nous nous adressons encore à vous, à votre raison et à votre patriotisme, et nous espérons que nous serons écoutés.

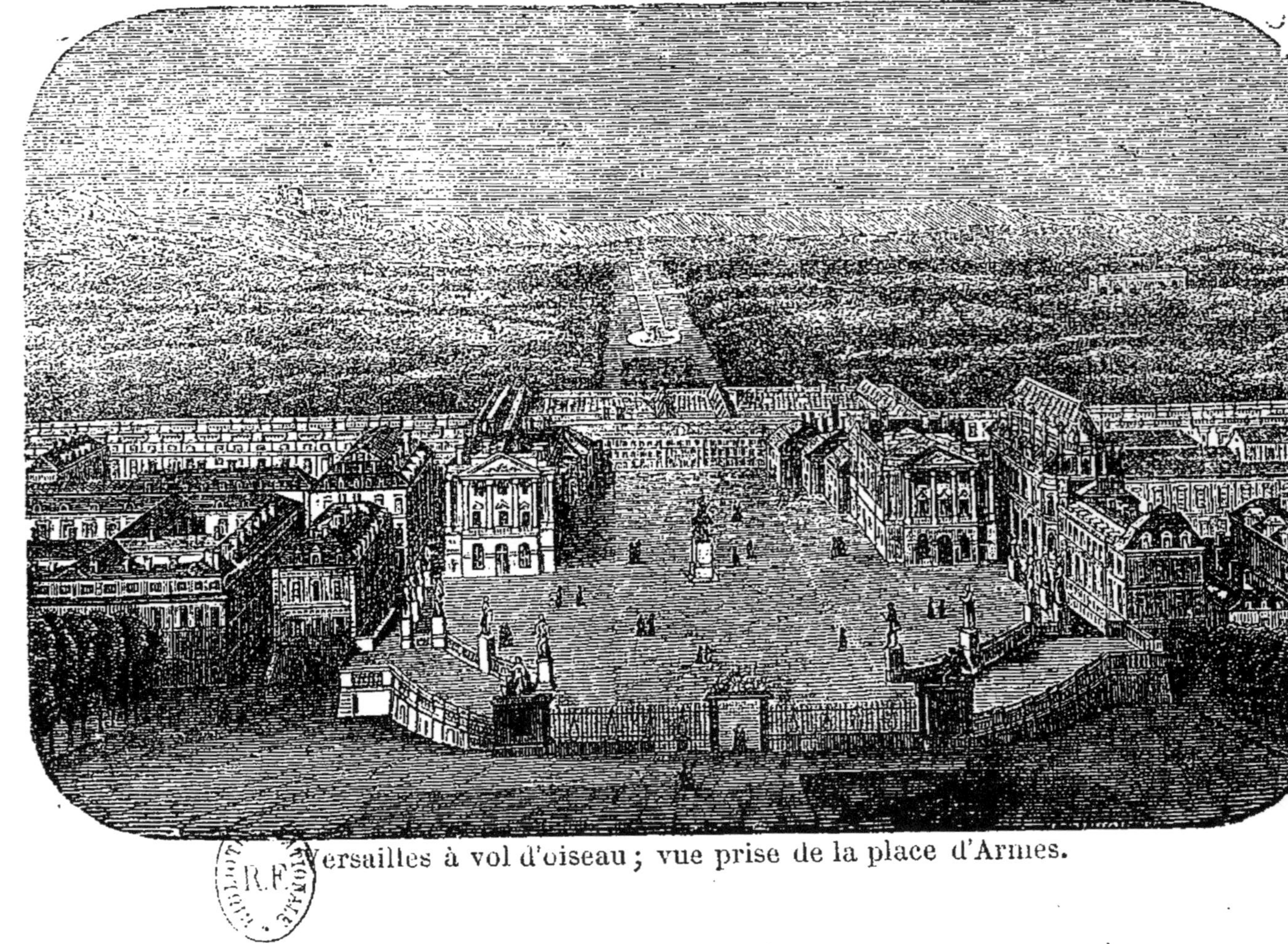

Versailles à vol d'oiseau ; vue prise de la place d'Armes.

« Votre grande cité, qui ne peut vivre que par l'ordre, est profondément troublée dans quelques quartiers, et le trouble de ces quartiers, sans se propager dans les autres, suffit cependant pour y empêcher le retour du travail et de l'aisance. Depuis quelque temps des hommes mal intentionnés, sous prétexte de résister aux Prussiens, qui ne sont plus dans vos murs, se sont constitués les maîtres d'une partie de la ville, y ont élevé des retranchements, y montent la garde, vous forcent de la monter avec eux, par ordre d'un comité occulte qui prétend commander seul à une partie de la garde nationale, méconnaît ainsi l'autorité du général d'Aurelle, si digne d'être à votre tête, et veut former un gouvernement en opposition au gouvernement légal, institué par le suffrage universel. Ces hommes qui vous ont causé déjà tant de mal, que vous avez dispersés vous-mêmes au 31 octobre, affichent la prétention de vous défendre contre les Prussiens, qui n'ont fait que paraître dans vos murs, et dont ces désordres retardent le départ définitif, braquent des canons qui, s'ils faisaient feu, ne foudroieraient que vos maisons, vos enfants et vous-mêmes; enfin, compromettent la République au lieu de la défendre, car, s'il s'établissait dans l'opinion de la France que la République est la compagne nécessaire du désordre, la République serait perdue. Ne les croyez pas, et écoutez la vérité que nous vous disons en toute sincérité.

« Le gouvernement, institué par la nation tout entière, aurait déjà pu reprendre ces canons dérobés à l'Etat, et qui, en ce moment, ne menacent que vous; enlever ces retranchements ridicules qui n'arrêtent que le commerce, et mettre sous la main de la justice les criminels qui ne craindraient pas de faire succéder la guerre civile à la guerre étrangère; mais il a voulu donner aux hommes trompés le temps de se séparer de ceux qui les trompent. Cependant le temps qu'on a accordé aux hommes de bonne foi pour se séparer des hommes de mauvaise foi est pris sur votre repos, sur le bien-être de la France tout entière. Il faut donc ne pas le prolonger indéfiniment. Tant que dure cet état de choses, le commerce est arrêté, vos boutiques sont désertes, les commandes qui viendraient de toutes parts sont suspendues, vos bras sont oisifs, le crédit ne renaît pas, les capitaux dont le gouvernement a besoin pour délivrer le territoire de la présence de l'ennemi hésitent à se présenter. Dans votre intérêt même, dans celui de votre cité, comme dans celui de la France, le gouvernement est résolu à agir.

« Les coupables qui ont prétendu instituer un gouvernement à eux vont être livrés à la justice régulière. Les canons dérobés à l'Etat vont être rétablis dans les arsenaux, et, pour exécuter cet acte urgent de justice et de raison, le gouvernement compte sur votre concours. Que les bons citoyens se séparent des mauvais; qu'ils aident à la force publique au lieu de lui résister. Ils hâteront ainsi le retour de l'aisance dans la cité, et rendront service à la République elle-même, que le désordre ruinerait dans l'opinion de la France.

« Parisiens, nous vous tenons ce langage parce que nous estimons votre bon sens, votre sagesse, votre patriotisme ; mais, cet avertissement donné, vous nous approuverez de recourir à la force, car il faut à tout prix, et sans un jour de retard, que l'ordre, condition de votre bien-être, renaisse entier, immédiat, inaltérable.

« Paris, 17 mars 1871. »

Le 18 mars, avant le jour, la troupe occupa les hauteurs de Montmartre où, depuis plusieurs semaines, étaient braqués les canons dont le Comité s'était donné la garde; elle attela les pièces et les descendit sans obstacle. Mais, arrivée sur les anciens boulevards extérieurs de Belleville et de Montmartre, elle fut entourée par une foule où se montraient des gardes nationaux en uniforme. Malgré les officiers, les soldats, pressés, intimidés, flattés par les uns, menacés par les autres, mirent la crosse en l'air et firent place libre à l'insurrection. Voici, d'ailleurs, la relation de ces faits et de ceux qui suivirent, telle que la publia le *Jonrnal officiel* du 19 mars :

« Le gouvernement, voulant éviter une collision, a usé de patience et de temporisation envers des hommes qu'il espérait par là ramener au bon sens et au devoir. Ces hommes, se plaçant en révolte ouverte contre la loi, s'étaient constitués en comité insurrectionnel, ordonnant à la garde nationale de désobéir à ses chefs légitimes. C'est à leur action qu'a été due la résistance opposée à la reprise des canons que l'autorité militaire voulait replacer dans leurs arsenaux, sous la garde de la garde nationale et de l'armée. La ville entière s'était émue de l'établissement de redoutes sur les hauteurs de Montmartre et des buttes Chaumont, et tout homme d'un peu de bon sens comprenait combien il était à la fois ridicule et criminel de déployer contre Paris cet attirail menaçant.

« Tant qu'un pareil état de choses se prolongeait, la reprise du travail était impossible, la province s'éloignait de la capitale, et toute espérance de crédit et de prospérité était indéfiniment ajournée. Après avoir épuisé toutes les voies de conciliation, le gouvernement a senti qu'il était de son devoir de faire respecter la loi et de rendre à la garde nationale son autorité légale. Ce matin, à la pointe du jour, les hauteurs ont été enlevées, les canons allaient être reconduits aux arsenaux sous l'escorte de la troupe, lorsque des gardes nationaux armés et d'autres sans armes, excitant et entraînant la foule, se sont jetés sur nos soldats et leur ont arraché leurs armes. Plusieurs bataillons ont été cernés, d'autres forcés de se replier. A partir de ce moment, l'émeute a été maîtresse du terrain. Nous racontons plus bas comment les criminels artisans ont mis en état d'arrestation le général Lecomte et le général Clément Thomas, qui se trouvaient dans la mêlée, et comment ces deux captifs ont été lâchement assassinés.

« La journée s'est terminée dans le désordre sans que la garde nationale, convoquée cependant dès le matin par le rappel, parût en nombre suffisant pour le réprimer sur le théâtre où il se développait. Ce soir, l'insurrection a envahi l'état-major de la garde nationale et le ministère de la justice. On se demande avec une douloureuse stupeur quel peut être le but de ce coupable attentat; des malveillants n'ont pas craint de répandre le bruit que le gouvernement préparait un coup d'État, que plusieurs républicains étaient arrêtés. Ce sont d'odieuses calomnies. Le gouvernement, issu d'une Assemblée nommée par le suffrage universel, a plusieurs fois déclaré qu'il voulait fonder la République. Ceux qui veulent la renverser sont les hommes de désordre, les assassins qui ne craignent pas de semer l'épouvante et la mort dans une cité qui ne peut se sauver que par le calme, le travail, le respect des lois. Ces hommes ne peuvent être que les stipendiés de l'ennemi ou du despotisme. Leurs crimes, nous l'espérons, soulèveront la juste indignation de la population de Paris, qui sera debout pour leur infliger le châtiment qu'ils méritent. »

« Suivait cette note :

« Ce matin, vers midi, le général Lecomte, séparé de ses troupes, a été amené par une bande de forcenés rue des Rosiers, à Montmartre, devant quelques individus prenant le titre de Comité central. Des cris : « A mort ! » se faisaient entendre. Le général Clément Thomas, survenu peu de temps après, en habit de ville, a été reconnu. Un des assistants s'est écrié : « C'est le général Clément Thomas, son affaire est faite ! » Le général Lecomte et le général Clément Thomas ont été poussés dans un jardin, suivis par une centaine d'hommes. Ils ont été attachés et fusillés. Leurs cadavres ont été mutilés à coups de baïonnettes.

« Ce crime épouvantable, accompli sous les yeux du Comité central, donne la mesure des horreurs dont Paris est menacé, si les sauvages agitateurs qui troublent la cité et déshonorent la France pouvaient triompher.

« Les deux aides de camp du général Lecomte allaient subir le même sort que leur général, quand ils ont été sauvés par l'intervention d'un jeune homme de dix-sept ans, qui s'est écrié que ce qui se passait était horrible ; qu'après tout, on ne connaissait pas ceux qui prononçaient ces condamnations à mort. Il a réussi à faire épargner les deux jeunes officiers, menacés d'une mort affreuse.

« Que la population de Paris, si indulgente jusqu'ici pour les fauteurs de désordres, comprenne enfin qu'elle doit se montrer énergique contre de pareils forfaits, sous peine d'en être complice. »

L'annonce de ce double crime, quelque sensation qu'elle produisît, ne donna pas aux Parisiens cette secousse salutaire qui eût été seule capable de maîtriser d'odieuses passions.

Indépendamment de ce compte-rendu, le gouvernement avait fait placarder deux proclamations adressées à la garde nationale, et dans lesquelles il l'adjurait de se grouper autour de ses chefs afin de sauver de l'anarchie la République. Mais, il faut l'avouer, cet appel fut sans résultat; un grand nombre de gardes nationaux, faisant passer le salut de leur caisse ou de leur comptoir avant le salut de la société, restèrent chez eux, laissant leurs officiers isolés et exposés aux mauvais traitements d'autres gardes nationaux obéissant au Comité central. D'un autre côté, la troupe avait livré sur plusieurs points ses armes et donné le signal de la désertion du drapeau; on avait même vu d'indignes soldats trafiquer de leur équipement et vendre argent comptant les fusils que l'Etat leur avait confiés. Celles qui étaient restées fidèles s'étaient repliées sur Versailles afin de protéger la retraite du gouvernement.

Ne rencontrant désormais aucune résistance, les bataillons à la dévotion du Comité central s'étaient emparés successivement de l'Hôtel de Ville et des autres établissements publics, et le Comité avait fait afficher sans obstacle la proclamation qui annonçait son avénement au pouvoir. Voici ce morceau :

« Citoyens,

« Le peuple de Paris a secoué le joug qu'on essayait de lui imposer. Calme, impassible dans sa force, il a attendu sans crainte comme sans provocation les fous éhontés qui voulaient toucher à la République.

« Cette fois, nos frères de l'armée n'ont pas voulu

porter la main sur l'arche sainte de nos libertés. Merci à tous, et que Paris et la France jettent ensemble les bases d'une République acclamée avec toutes ses conséquences, le seul gouvernement qui fermera pour toujours l'ère des invasions et des guerres civiles.

« L'état de siége est levé.

« Le peuple de Paris est convoqué dans ses sections pour faire ses élections communales.

« La sûreté de tous les citoyens est assurée par le concours de la garde nationale.

« Hôtel de Ville. Paris, le 19 mars 1871.

« *Le Comité central de la garde nationale :*

« ASSI, BILLIORAY, FERRAT, BABICK, MOREAU, C. DUPONT, VARLIN, BOURSIER, MORTIER, GOUHIER, LA VALETTE, FR. JOURDE, ROUSSEAU, CH. LULLIER, BLANCHET, J. GROLLARD, BARROUD, H. GÉRESME, FABRE, POUGERET. »

Qu'étaient ces hommes, et que représentaient-ils? Inconnus du plus grand nombre, chacun dans la ville se demandait d'où ils venaient et où ils prétendaient nous mener. Volontiers on les comparait à ces francs-juges, à ce tribunal masqué qui florissait jadis en Allemagne. Les esprits réfléchis, ne les prenant pas au sérieux, cherchaient à deviner ce qu'il y avait derrière et qui tenait les fils de ces marionnettes révolutionnaires. Qui pouvait supposer à ces gens-là sans antécédents politiques, sans alliances aucunes avec la presse ou avec le barreau, la pensée de se mettre à la tête d'une ville comme Paris, la métropole de la pensée humaine et de sa diffusion! C'est qu'on ignorait alors l'existence de cette redoutable association qui, sous le nom d'*Internationale*, s'était organisée avec la complicité de l'Empire, et menaçait en France, comme dans le reste de l'Europe, de renverser l'édifice social et de placer les classes éclairées sous la domination abjecte des classes qui ne le sont pas. Au fond, c'était l'intronisation du communisme avec ses appétits brutaux et ses convoitises inavouées.

Cette opinion était aussi celle du gouvernement, qui, au moment de quitter Paris, s'adressant aux gardes nationales, leur disait :

« Un comité prenant le nom de Comité central, après s'être emparé d'un certain nombre de canons, a couvert Paris de barricades, et a pris possession pendant la nuit du ministère de la justice. Il a tiré sur les défenseurs de l'ordre ; il a fait des prisonniers, il a assassiné de sang-froid le général Clément Thomas et un général de l'armée française, le général Lecomte.

« Quels sont les membres de ce comité?

« Personne à Paris ne les connaît ; leurs noms sont nouveaux pour tout le monde. Nul ne saurait même dire à quel parti ils appartiennent. Sont-ils communistes, ou bonapartistes, ou prussiens? Sont-ils les agents d'une triple coalition? Quels qu'ils soient, ce sont les ennemis de Paris qu'ils livrent au pillage, de la France qu'ils livrent aux Prussiens, de la République qu'ils livreront au despotisme. Les crimes abominables qu'ils ont commis ôtent toute excuse à ceux qui oseraient ou les suivre ou les subir. »

Toute révolution a besoin d'un prétexte pour colorer son but. Le prétexte invoqué par le Comité fut l'absence pour Paris de franchises municipales, et il invoqua la Commune.

Pendant la durée du siége de Paris, l'idée de la Commune avait été l'arme de guerre de tous les mécontents. Sans savoir au juste ce qu'il y avait dans ce mot, sans se rendre compte de ce qu'il représentait au point de vue historique, le peuple, abusé par la phraséologie de déclamateurs sans conscience, considérait la Commune comme une panacée capable de guérir tous les maux. Le Comité central, afin de se concilier les masses, se croyait obligé d'inscrire le mot sur son drapeau ; il n'y manqua pas.

La révolution qu'il dirigeait était donc une révolution communale. Un de ses premiers actes fut de convoquer les électeurs par la pièce suivante :

« Le Comité central de la garde nationale,

« Considérant qu'il y a urgence de constituer immédiatement l'administration communale de la ville de Paris,

« Arrête :

« 1° Les élections du conseil communal de la ville de Paris auront lieu mercredi prochain, 22 mars.

« 2° Le vote se fera au scrutin de liste et par arrondissement.

« Chaque arrondissement nommera un conseiller par chaque vingt mille habitants ou fraction excédante de plus de dix mille.

« 3° Le scrutin sera ouvert de 8 heures du matin à 6 heures du soir. Le dépouillement aura lieu immédiatement.

« 4° Les municipalités des vingt arrondissements sont chargées, chacune en ce qui la concerne, de l'exécution du présent arrêté.

« Un avis ultérieur indiquera le nombre de conseillers à élire par arrondissement.

« Hôtel de Ville de Paris, ce 19 mars 1871. »

Ainsi donc, le gouvernement avait été renversé,

l'armée désarmée, toutes les administrations désorganisées, le commerce et l'industrie paralysés pendant longtemps, et tout cela sous les yeux de l'étranger victorieux, pour aboutir à ce résultat ridicule. C'était bien l'enfantement de la montagne!

Cependant le gouvernement avait achevé d'évacuer Paris, rappelant à Versailles les troupes restées fidèles, toutes les administrations publiques, tous les corps constitués; il avait télégraphié à toutes les autorités des départements l'ordre de n'obéir qu'au pouvoir de l'Assemblée et pressé les députés de se grouper autour de lui.

Cette promptitude de mesures déconcerta l'insurrection, qui jusqu'à sa chute, contrairement à ce qui se passe d'ordinaire dans notre pays, resta concentrée dans Paris. Des tentatives de soulèvement furent sans doute essayées à Lyon, à Marseille, à Toulouse, à Limoges, mais, condamnées par le sentiment presque unanime des populations, elles furent aisément comprimées et ne servirent qu'à faire ressortir le besoin de paix que ressentait le pays et son aversion presque unanime pour les agitateurs.

De son côté, le Comité central poursuivait son œuvre, il avait fait occuper par ses bataillons les forts du sud, à l'exception du mont Valérien, qui, par un heureux hasard, resta aux mains du gouvernement.

Parodiant jusqu'au bout les allures d'un pouvoir régulier, il s'était emparé du *Journal officiel*, bien que ce fût une propriété privée, et, dans son premier numéro, osait faire l'apologie de l'odieux assassinat des généraux Lecomte et Clément Thomas.

« Tous les journaux réactionnaires, disait-il, publient des récits plus ou moins dramatiques sur ce qu'ils appellent » l'assassinat » des généraux Lecomte et Clément Thomas.

« Sans doute, ces actes sont regrettables. Mais il importe, pour être impartial, de constater deux faits :

« 1° Que le général Lecomte avait commandé à quatre reprises, sur la place Pigalle, de charger une foule inoffensive de femmes et d'enfants ;

« 2° Que le général Thomas a été arrêté au moment où il levait, en vêtements civils, un plan des barricades de Montmartre.

« Ces deux hommes ont donc subi la loi de la guerre, qui n'admet ni l'assassinat des femmes ni l'espionnage. On nous raconte que l'exécution du général Lecomte a été opérée par des soldats de la ligne et celle du général Clément Thomas par des gardes nationaux.

« Il est faux que ces exécutions aient eu lieu sous les yeux et par les ordres du Comité central de la garde nationale. »

Et ces hommes qui ergotaient froidement sur des meurtres et n'avaient de paroles sévères que contre les victimes, ces hommes étaient les chefs de Paris ! En se trouvant à la merci des malfaiteurs, les honnêtes gens se prirent à craindre et quelques-uns accusèrent hautement le gouvernement de les avoir abandonnés. La presse parisienne, dans ces circonstances, fit preuve d'un véritable courage civique. Bravant les nouveaux maîtres, elle osa recommander la désobéissance à ses décrets. Le 21 mars, la plupart des journaux publièrent la déclaration suivante aux électeurs :

« Attendu que la convocation des électeurs est un acte de la souveraineté nationale ;

« Que l'exercice de cette souveraineté n'appartient qu'aux pouvoirs émanés du suffrage universel ;

« Que, par suite, le Comité qui s'est installé à l'Hôtel de Ville n'a ni droit ni qualité pour faire cette convocation ;

« Les représentants des journaux soussignés considèrent la convocation affichée pour le 22 mars comme nulle et non avenue, et engagent les électeurs à n'en pas tenir compte. »

Trente-quatre journaux avaient signé ce manifeste, il irrita profondément les membres du Comité central, jaloux de leur autorité toute récente, et leur mauvaise humeur s'exhala dans le numéro du *Journal officiel* du 22 mars.

« Comme il l'a déjà déclaré, disait l'article, le Comité central de la garde nationale, siégeant à l'Hôtel de Ville, respecte la liberté de la presse, c'est-à-dire le droit qu'ont les citoyens de contrôler, de discuter et de critiquer ses actes à l'aide de tous les moyens de publicité, mais il entend faire respecter les décisions des représentants de la souveraineté du peuple de Paris, et il ne permettra pas impunément qu'on y porte atteinte plus longtemps en continuant à exciter à la désobéissance à ses décisions et à ses ordres. Une répression sévère sera la conséquence de tels attentats, s'ils continuent à se produire. »

Ainsi donc le Comité n'entendait pas qu'on discutât ses actes ; il se trouvait assez légitimement établi pour menacer ceux qui semblaient contester ses droits. Une circonstance vint bientôt prouver qu'il ne reculerait même pas, pour défendre la position qu'un coup de main lui avait assurée, devant le massacre de citoyens désarmés.

Le 22 mars, une colonne de trois à quatre mille personnes, sans armes et pour la plupart sans uniforme, se réunit sur les boulevards Montmartre, des Italiens et des Capucines. Son but, proclamé d'avance,

M. CHAUDEY.

était de se rendre à l'Hôtel de Ville et d'exprimer aux nouveaux dictateurs les vœux de la grande majorité de la population de voir le gouvernement de l'Assemblée reprendre sa place dans Paris. Grossie à chaque instant sur son passage, applaudie par tout ce qu'il y avait de considérable dans la cité, cette colonne se dirigeait par la rue de la Paix sur la place Vendôme, lorsqu'elle fut accueillie par une fusillade nourrie partie de la place. C'étaient les bataillons du Comité central qui, sans provocation aucune, tiraient sur une foule dont le seul crime était de protester contre la violation des lois et de demander le rétablissement de l'ordre. Sous la meurtrière décharge, plusieurs personnes tombèrent mortellement atteintes. Un grand nombre d'autres, blessées, gisaient dans la rue de la Paix ou sur la place. Le reste avait fui de divers côtés devant cette lâche agression.

L'émoi fut grand dans toute la ville à la nouvelle de cet épouvantable guet-apens ; on s'abordait plein d'anxiété, on maudissait les assassins, on jurait de venger les victimes et, pour cela, on cherchait un point de ralliement ; des groupes pleins de sentiments généreux se sentaient impuissants dans leur isolement, et demandaient un chef qui les ralliât et qui de ces bons vouloirs isolés, partant stériles, formât un imposant faisceau. Ce chef, hélas ! fit défaut ; dans toute cette population parisienne il ne se trouva pas un homme à la hauteur des circonstances : il semblait que cette société, en proie à l'égoïsme, énervée par les jouissances, fût prête pour n'importe quel asservissement.

Sans doute, le gouvernement de Versailles avait tenté de former à Paris même un centre de ralliement ; dans ce but, il avait nommé commandant supérieur de la garde nationale l'amiral Saisset, qui s'était distingué dans la défense de Paris et y avait perdu un fils, et comme chef d'état-major le colonel Langlois, un républicain de vieille date, un patriote qui avait laissé un bras au combat de Buzenval. Ces choix défiaient toute critique et répondaient aux accusations d'arrière-pensées monarchiques que certaines gens ne cessaient d'élever contre l'Assemblée. Ils ne parvinrent pas à amener la conciliation entre des prétentions inconciliables. Il est difficile, actuellement encore, de savoir au juste le rôle que les maires et les représentants de Paris jouèrent dans cette affaire, s'ils furent des habiles ou bien des dupes ; toujours est-il que la tentative de l'amiral Saisset échoua complétement, que les bataillons de garde nationale qui s'étaient levés à sa voix et fortifiés dans diverses positions de la ville, durent abandonner leurs postes, et que les élections pour la Commune, qu'il s'agissait d'empêcher, furent indiquées irrévocablement pour le dimanche 26 mars.

A notre avis, quoi que pussent dire les maires et les représentants de Paris qui, sans qualité, engagèrent les électeurs à prendre part au vote, le devoir de tout bon citoyen était de s'abstenir ; personne, en dehors de l'Assemblée, n'avait droit de l'appeler au scrutin ; par conséquent, la convocation pour le 26, faite en dehors de toute loi, devait être considérée comme non avenue.

Aussi les abstentions furent très-considérables, à consulter les résultats du scrutin, que personne ne fut d'ailleurs à même de contrôler. Certains groupes de citoyens, troublés par les publications de quelques mairies, et incertains de la voie qu'il fallait suivre, avaient, tout en prenant part au vote, porté leurs suffrages sur les maires ou adjoints en exercice.

En somme, voici la liste, par arrondissement, des élus à la Commune, telle que le journal du Comité la donnait le lendemain :

Ier arr. Adam, Méline, Rochart, Barré ;

IIe — Brélay, Tirard, Chéron, Loiseau-Pinson ;

IIIe — Demay, Arnaud, Pindy, Cléray, Dupont ;

IVe — Lefrançais, Arthur Arnould, Clémence, Amouroux, Gérardin;

Ve — Jourde, Régère, Tridon, Blanchet, Ledroit;

VIe — Leray, Goupil, Robinet, Beslay, Varlin;

VIIe — Parisel, Lefèvre, Urbain, Brienet;

VIIIe — Raoul Rigault, Vaillant, Arthur Arnould, Alix;

IXe — Ranc, Ulysse Parent, Desmarest, Émile Ferry, Nast;

Xe — Félix Pyat, Henri Fortuné, Gambon, Champi, Babick;

XIe — Assi, Avrial, Delescluze, Mortier, Eudes, Protot, Verdure;

XIIe — Varlin, Fruneau, Geresme, Theisz;

XIIIe — Léo Meillet, Durand, Chardon, Frankel;

XIVe — Billioray, Martelet, Decamp;

XVe — Clément, Jules Vallès, Langevin;

XVIe — Marmottan, Bouteiller;

XVIIe — Varlin, Clément, Gérardin, Chalin, Malon;

XVIIIe — Blanqui, Theisz, Dereure, Clément, Ferré, Vermorel, Paschal Grousset;

XIXe — Oude, Puget, Cournet, Delescluze, Ostyn, Miot;

XXe — Ranvier, Bergeret, Flourens, Blanqui.

Pendant cette journée, le Comité central, se drapant dans le manteau de l'abnégation et du désintéressement, couvrait les murs de l'affiche suivante, sorte de testament politique :

« A l'heure où nous écrivons, le Comité central aura de droit, sinon de fait, cédé la place à la Commune. Ayant rempli le mandat extraordinaire dont la nécessité l'avait investi, il se réduira de lui-même à la fonction spéciale qui fut sa raison d'être et qui, contestée violemment par le pouvoir, l'obligeait à lutter, à vaincre, ou à mourir avec la cité dont il était la représentation armée.

« Expression de la liberté municipale légitimement, juridiquement insurgée contre l'arbitraire gouvernemental, le Comité n'avait d'autre mission que d'empêcher à tout prix qu'on arrachât à Paris le droit primordial qu'il avait triomphalement conquis. Au lendemain du vote, on peut dire que le Comité a fait son devoir.

« Quant à la Commune élue, son rôle sera tout autre et ses moyens pourront être différents. Avant tout, il lui faudra définir son mandat, délimiter ses attributions. Ce pouvoir constituant qu'on accorde si large, si indéfini, si confus pour la France à une Assemblée nationale, elle devra l'exercer pour elle-même, c'est-à-dire pour la cité, dont elle n'est que l'expression.

« Aussi l'œuvre première de nos élus devra être la discussion et la rédaction de leur charte, de cet acte que nos aïeux du moyen âge appelaient leur commune. Ceci fait, il faudra aviser aux moyens de faire reconnaître et garantir par le pouvoir central, quel qu'il puisse être, ce statut de l'autonomie municipale.

« Cette partie de leur tâche ne sera pas la moins ardue si le mouvement, localisé à Paris et dans une ou deux grandes villes, permet à l'Assemblée nationale actuelle d'éterniser un mandat que le bon sens et la force des choses limitaient à la conclusion de la paix, et qui déjà se trouve depuis quelque temps accompli.

« A une usurpation de pouvoir, la Commune de Paris n'aura pas à répondre en usurpant elle-même. Fédérée avec les communes de France déjà affranchies, elle devra, en son nom et au nom de Lyon, de Marseille et bientôt peut-être de dix grandes villes, étudier les clauses du contrat qui devra les relier à la nation, poser l'ultimatum du traité qu'elles entendent signer.

« Quel sera cet ultimatum? D'abord il est bien entendu qu'il devra contenir la garantie de l'autonomie, de la souveraineté municipale reconquises.

« En second lieu, il devra assurer le libre jeu des

rapports de la Commune avec les représentants de l'unité nationale.

« Enfin, il devra imposer à l'Assemblée, si elle accepte de traiter, la promulgation d'une loi électorale telle que la représentation des villes ne soit plus à l'avenir absorbée et comme noyée dans la représentation des campagnes. Tant qu'une loi électorale conçue dans cet esprit n'aura pas été appliquée, l'unité nationale brisée, l'équilibre social rompu ne pourraient pas se rétablir.

« A ces conditions, et à ces conditions seulement, la ville insurgée redeviendra la ville capitale. Circulant plus libre à travers la France, son esprit sera bientôt l'esprit même de la nation, esprit d'ordre, de progrès, de justice, c'est-à-dire de révolution. »

On le voit, c'est toujours la même absence d'idées, le même fatras, les mêmes mots sonores qui reviennent. Nous les avons entendus à toutes les époques agitées, ils ont servi de préface ou de conclusion à toutes les révolutions.

En même temps entrait en lice une association formidable, qui allait prendre en main la direction du mouvement ; nous voulons parler de l'Internationale. Voici le manifeste qu'elle lançait à ce moment :

« Travailleurs,

« Une longue suite de revers, une catastrophe qui semble devoir entraîner la ruine complète de notre pays, tel est le bilan de la situation créée à la France par les gouvernements qui l'ont dominée.

« Avons-nous perdu les qualités nécessaires pour nous relever de cet abaissement? Sommes-nous dégénérés au point de subir avec résignation le despotisme hypocrite de ceux qui nous ont livrés à l'étranger, et de ne retrouver d'énergie que pour rendre notre ruine irrémédiable par la guerre civile ?

« Les derniers événements ont démontré la force du peuple de Paris, nous sommes convaincus qu'une entente fraternelle démontrera bientôt sa sagesse.

« Le principe d'autorité est désormais impuissant pour rétablir l'ordre dans la rue, pour faire renaître le travail dans l'atelier, et cette impuissance est sa négation.

« L'insolidarité des intérêts a créé la ruine générale, engendré la guerre sociale ; c'est à la liberté, à l'égalité, à la solidarité qu'il faut demander d'assurer l'ordre sur de nouvelles bases, de réorganiser le travail qui est sa condition première.

« Travailleurs, la révolution communale affirme ces principes, elle écarte toute cause de conflit dans l'avenir. Hésiterez-vous à lui donner votre sanction définitive?

« L'indépendance de la commune est le gage d'un contrat dont les clauses librement débattues feront cesser l'antagonisme des classes et assureront l'égalité sociale.

« Nous avons revendiqué l'émancipation des travailleurs, et la délégation communale en est la garantie, car elle doit fournir à chaque citoyen les moyens de défendre ses droits, de contrôler d'une manière efficace les actes de ses mandataires chargés de la gestion de ses intérêts, et de déterminer l'application progressive des réformes sociales.

« L'autonomie de chaque commune enlève tout caractère oppressif à ses revendications et affirme la République dans sa plus haute expression.

« Travailleurs, nous avons combattu, nous avons appris à souffrir pour notre principe égalitaire, nous ne saurions reculer alors que nous pouvons aider à mettre la première pierre à l'édifice social.

« Qu'avons-nous demandé ?

« L'organisation du crédit, de l'échange, de l'association, afin d'assurer au travailleur la valeur intégrale de son travail;

« L'instruction gratuite, laïque et intégrale;

« Le droit de réunion et d'association, la liberté absolue de la presse, celle du citoyen;

« L'organisation au point de vue municipal des services de police, de force armée, d'hygiène, de statistique, etc.

« Nous avons été dupes de nos gouvernants, nous nous sommes laissé prendre à leur jeu, alors qu'ils caressaient et réprimaient tour à tour les factions dont l'antagonisme assurait leur existence.

« Aujourd'hui le peuple de Paris est clairvoyant, il se refuse à ce rôle d'enfant dirigé par le précepteur, et dans les élections municipales, produit d'un mouvement dont il est lui-même l'auteur, il se rappellera que le principe qui préside à l'organisation d'un groupe, d'une association, est le même qui doit gouverner la société entière, et comme il rejetterait tout administrateur président imposé par un pouvoir en dehors de son sein, il repoussera tout maire, tout préfet imposé par un gouvernement étranger à ses aspirations, il affirmera son droit, supérieur au vote d'une assemblée, de rester maître dans la ville et de constituer comme il lui convient sa représentation municipale sans prétendre s'imposer aux autres.

« Dimanche 26 mars, nous en sommes convaincus, le peuple de Paris tiendra à honneur de voter pour la Commune.

« *Les délégués présents à la séance de nuit*
du 23 *mars* 1871. »

Cette secte menaçante, termite qui sape dans l'ombre les bases de tout ordre social, s'affirmait donc comme représentant l'avénement du prolétariat. Nous verrons les moyens qu'elle comptait employer pour atteindre ce but.

L'*Internationale*, dont le titre complet est : *Association internationale des travailleurs*, a une origine exotique; elle a pris naissance à Londres en 1862, et s'est successivement répandue à Bruxelles, à Genève, à Bâle, à Lyon et dans plusieurs autres villes de France. Ses doctrines principales sont contenues dans les résolutions suivantes, formulées au congrès de Bâle :

« 1° Le congrès déclare que la société a le dreit d'abolir la propriété individuelle du sol et de faire rentrer le sol à la communauté.

« 2° Il déclare encore qu'il y a nécessité de faire rentrer la propriété du sol à la propriété collective. »

Cette société s'était développée sous l'Empire, et l'Empire, il est impossible de deviner dans quel but, avait vu ses progrès sans trop d'alarmes. Il l'avait même favorisée ouvertement en faisant voter, par le Corps législatif, la loi sur les coalitions, celle sur les livrets d'ouvriers, d'autres encore qu'il est inutile de rappeler ici.

Le scrutin du 26 mai allait lui donner les moyens

de mettre ses idées à exécution et de passer de la théorie à la pratique.

La Commune était donc constituée. On lira, dans la deuxième partie de ce travail, l'usage fait par les hommes qui la composaient du pouvoir qu'un peuple ignorant leur avait si aveuglément conféré.

DEUXIÈME PARTIE.

LA COMMUNE.

Elle était donc constituée, cette Commune, qu'une foule ignorante avait depuis si longtemps appelée comme remède à tous ses maux. De quels éléments se trouvait-elle composée ? A part quelques maires et adjoints en exercice, certains écrivains appartenant à la presse la plus avancée, et deux ou trois individus d'une notoriété peu enviable, comme Assi et Blanqui, les membres de la Commune étaient tous absolument inconnus même à leurs électeurs ; ceux-ci avaient reçu toutes faites les listes qu'ils avaient déposées dans l'urne sans les lire. Telle était la consigne émanant de l'*Internationale*.

Le premier soin de la Commune, en entrant à l'Hôtel de Ville, fut de déclarer que la garde nationale et le Comité central avaient bien mérité de la patrie. Puis, suivant en cela les traditions puériles des révolutionnaires antérieurs, elle répudia le calendrier grégorien, et ne data désormais ses arrêts que de *germinal*, répondant au mois de mars. Un changement non moins ridicule, mais plus caractéristique, fut la substitution du drapeau rouge au drapeau tricolore. Le *Journal de la Commune* se mettait en frais d'érudition pour établir que, la couleur blanche représentant la noblesse, la couleur bleue la bourgeoisie, la couleur rouge devait symboliser le peuple, et que le peuple, qui ne comptait pour rien autrefois, étant aujourd'hui tout, les deux premières couleurs devaient s'effacer devant la dernière.

Puis, dans la proclamation suivante, elle annonça solennellement sa constitution :

« Citoyens,

« Votre Commune est constituée.

« Le vote du 26 mars a sanctionné la Révolution victorieuse.

« Un pouvoir lâchement agresseur vous avait pris à la gorge : vous avez, dans votre légitime défense, repoussé de vos murs ce gouvernement qui voulait vous déshonorer en vous imposant un roi.

« Aujourd'hui les criminels, que vous n'avez même pas voulu poursuivre, abusent de votre magnanimité pour organiser aux portes mêmes de la cité un foyer de conspiration monarchique. Ils invoquent la guerre civile; ils mettent en œuvre toutes les corruptions; ils acceptent toutes les complicités; ils ont osé mendier jusqu'à l'appui de l'étranger.

« Nous en appelons, de ces menées exécrables, au jugement de la France et du monde.

« Citoyens,

« Vous venez de vous donner des institutions qui défient toutes les tentatives.

« Vous êtes maîtres de vos destinées. Forte de votre appui, la représentation que vous venez d'établir va réparer les désastres causés par le pouvoir déchu : l'industrie compromise, le travail suspendu, les transactions commerciales paralysées vont recevoir une impulsion vigoureuse.

« Dès aujourd'hui, la décision attendue sur les loyers;

« Demain celle des échéances;

« Tous les services publics rétablis et simplifiés;

« La garde nationale, désormais seule force armée de la cité, réorganisée sans délai.

« Tels seront nos premiers actes.

« Les élus du peuple ne lui demandent, pour assurer le triomphe de la République, que de les soutenir de leur confiance.

« Quant à eux, ils feront leur devoir.

« Hôtel de Ville, 29 mars 1871.

« *La Commune de Paris.* »

Voilà le programme du gouvernement de la Commune. En le regardant de près, qu'y trouve-t-on? des accusations calomnieuses et de vaines rodomontades contre l'Assemblée exprimées dans le langage emphatique qui est l'apanage du parti, de basses flatteries pour les convoitises ou l'improbité de certaines classes ; mais de système politique, point. Aucune idée nouvelle n'y était indiquée, car ces franchises municipales qu'on prenait pour drapeau, on les avait attendues patiemment vingt ans sous l'Empire, et l'Assemblée s'occupait en ce moment d'en élever l'édifice. On avait donc usurpé le pouvoir, on faisait violence à l'opinion, non pour l'expérimentation de certains dogmes politiques, mais tout simplement pour prendre la place des gouvernants et se coucher dans leurs lits; on n'aspirait pas au rôle de Mahomet ou de Jésus-Christ, on se contentait d'émarger au budget.

Les franchises municipales étaient donc l'étiquette du nouveau mouvement populaire, comme le suffrage universel avait été l'étiquette du coup d'État du 2 décembre.

Pouvait-on s'y méprendre, du reste, lorsqu'on vit la Commune, excédant dès ses premiers pas la limite des pouvoirs municipaux, décréter l'abolition de la conscription et rendre le décret suivant :

« La Commune, étant actuellement le seul pouvoir,

« Décrète :

« Art. 1er. Les employés des divers services publics tiendront désormais pour nuls et non avenus les ordres ou communications émanant du gouvernement de Versailles ou de ses adhérents.

« Art. 2. Tout fonctionnaire ou employé qui ne se conformerait pas à ce décret sera immédiatement révoqué. »

Comme tout gouvernement, la Commune avait aussi voulu avoir son armée. Avec les bataillons de garde nationale qui lui étaient dévoués, elle avait constitué une force militaire chargée de garder les forts du sud et de dominer la ville dont elle occupait toutes les mairies. Elle avait même nommé un général en chef, le sieur Brunel, un délégué à la guerre, le sieur Eudes ; un nommé Bergeret était chargé de l'état-major de la garde nationale, et le commandement de la préfecture de police avait été donné à un sieur Duval.

La séparation entre le gouvernement de l'Assemblée et la Commune était donc absolue. Un pouvoir nouveau s'installait face à face du pouvoir ancien.

De son côté, M. Thiers avait transféré à Versailles toutes les administrations publiques, les ministères, les tribunaux; il avait enjoint à tous les fonctionnaires de se rendre en cette ville ou de refuser leurs services à la Commune. Et en effet, tous les employés avaient quitté Paris ou s'abstenaient de paraître à leurs bureaux. Le fonctionnement de l'administration était donc suspendu, la vie s'était retirée de toute cette machine si active autrefois. Il en résultait un grave embarras pour nos gouvernants, qui avaient bien à leur disposition les ministères, mais qui n'avaient pas le personnel pour les mettre en mouvement. En vain, ils avaient sommé les employés de reprendre leur service; chacun d'eux avait fait la sourde oreille, ne s'abusant pas sur la durée précaire du nouvel ordre de choses. Il en était né chez les membres de la Commune une grande irritation, qui s'était traduite par des affiches injurieuses pour l'Assemblée, ce qui ne faisait de mal à personne, mais aussi par des arrestations : ainsi des employés de la télégraphie réfractaires avaient été arrêtés par des piquets de fédérés, — les gardes nationaux insurgés s'appelleront ainsi désormais, — et conduits sous escorte à leurs bureaux.

Le gouvernement de Versailles, jusqu'alors, n'avait rien tenté pour s'opposer au développement de l'insurrection. Préoccupé de la réorganisation du pays, sans perdre de vue la capitale, ses efforts tendaient surtout à ce que le mouvement ne s'étendît pas en province. Il reformait peu à peu, avec les débris des différents corps d'armée et les prisonniers qui commençaient à revenir d'Allemagne, une armée capable, par sa discipline et son organisation, de triompher un jour de la Commune.

Celle-ci cependant réarmait les remparts de Paris avec l'immense matériel qu'elle avait trouvé dans les magasins de l'État, et ses bataillons occupaient les forts du sud. L'immobilité de Versailles irritait toutefois son ardeur guerrière; elle pensait qu'un nouveau coup de main réussirait aussi bien que le premier. Elle résolut de prendre l'offensive.

Le 2 avril au matin, l'attention de la population parisienne fut tout à coup appelée par le bruit du canon et de la fusillade. Chacun s'abordait dans les rues pour s'enquérir de la cause de ce bruit. Le plus grand nombre était disposé à penser qu'il s'agissait d'une cérémonie officielle, et que le gouvernement de la Commune célébrait la fête de la Fédération. Peu à peu cependant, certains gardes nationaux qui rentraient dans leurs quartiers, les uns sans armes, les autres couverts de boue et harassés de fatigue, indiquèrent aux moins clairvoyants qu'une action militaire avait dû s'engager et qu'elle n'avait pas tourné en faveur des fédérés. Et en effet, on apprenait bientôt que, chassés de la caserne de Courbevoie, les postes avancés de la Commune s'étaient repliés sur Paris après avoir laissé sur la place nombre des leurs, en même temps que beaucoup de prisonniers.

La lutte à main armée était donc engagée, et l'Assemblée, par cette attaque, indiquait assez que le temps de l'expectative était passé et que ses troupes étaient maintenant de force à prendre l'offensive.

La Commune avait reçu l'annonce de cette débandade avec peu de sang-froid; ses colères se traduisaient assez dans la proclamation suivante, qu'elle fit afficher le soir :

« Les conspirateurs royalistes ont attaqué.

« Malgré la modération de notre attitude, ils ont attaqué.

« Ne pouvant plus compter sur l'armée française, ils ont attaqué avec les zouaves pontificaux et la police impériale.

« Non contents de couper les correspondances avec la province et de faire de vains efforts pour nous réduire par la famine, ces furieux ont voulu imiter jusqu'au bout les Prussiens et bombarder la capitale.

« Ce matin, les chouans de Charette, les Vendéens de Cathelineau, les Bretons de Trochu, flanqués des gendarmes de Valentin, ont couvert de mitraille et d'obus le village inoffensif de Neuilly et engagé la guerre civile avec nos gardes nationaux. Il y a eu des morts et des blessés. Elus par la population de Paris, notre devoir est de défendre la grande cité contre ces coupables agresseurs. Avec votre aide nous la défendrons.

« Paris, 2 avril 1871.

« *La commission exécutive,*

« BERGERET, EUDES, DUVAL, LEFRANÇAIS, FÉLIX PYAT, G. TRIDON, E. VAILLANT. »

Elle publiait en même temps le bulletin suivant, dont la rédaction égaya pour longtemps la plus grande partie du public parisien.

« Paris, 2 avril 1871, 5 h. 30 soir.

« *Place à commission exécutive.*

« Bergeret lui-même est à Neuilly. D'après rapport, le feu de l'ennemi a cessé. Esprit des troupes excellent. Soldats de ligne arrivent tous et déclarent que, sauf les officiers supérieurs, personne ne veut se battre. Colonel de gendarmerie qui attaquait, tué.

« *Le colonel chef d'état-major,*

« HENRI.

« Une pension de jeunes filles, qui sortait de l'église de Neuilly, a été littéralement hachée par la mitraille des soldats de MM. Favre et Thiers. »

Il fallait bien sauver les apparences, il fallait conserver le prestige aux yeux d'adhérents qui n'avaient pas une foi bien vive et qui n'eussent pas tardé à abandonner, en cas d'insuccès, la partie. C'est pourquoi, dès ce jour-là, la Commune inventa ces bulletins ridiculement mensongers qu'elle ne cessa, jusqu'à sa chute, de servir à ses séides ignorants. Qu'était ce Bergeret dont la présence était si pompeusement annoncée, et que s'était-il passé à Neuilly? Paris ne put savoir la vérité que par des rumeurs d'abord et ensuite par le rapport officiel que publia le gouvernement de Versailles.

Cette première affaire n'avait pourtant pas découragé les tacticiens de la Commune, et, le lendemain, sous le commandement de M. Gustave Flourens, d'un fondeur en bronze nommé Duval, qui s'était improvisé général, des bataillons de fédérés quittèrent Paris par la rive droite et par la rive gauche, dans la pensée évidente de se diriger sur Versailles. Le bruit, d'ailleurs, s'en était répandu dans la ville; dès le matin, des groupes au coin des rues commentaient les résultats possibles de cette double expédition. Aux yeux de cette foule ignorante et que des journaux

M. GAMBETTA.

sans conscience ont infatuée d'elle-même, cette attaque simultanée ne pouvait manquer de réussir; les gardes nationaux, disait-elle, n'étaient pas, cette fois, conduits par des Ducrot ou des Trochu; ce passage par Buzenval que, pendant le siége de Paris par les Prussiens, ces traîtres n'avaient pu se frayer, Flourens le trouverait, Flourens l'avait trouvé; car, de fanfaronnades en fanfaronnades, on en était arrivé, le soir, à affirmer hautement que les fédérés étaient entrés à Versailles et que l'Assemblée nationale, fuyant devant l'armée de la Commune, s'était réfugiée à Fontainebleau.

Les choses n'avaient pas marché aussi vite. Ce qui était vrai, c'est que la moitié de la colonne avait dépassé le fort du mont Valérien, suivant la route qui contourne la crête, lorsque les canons du fort ouvrirent leur feu sur les fédérés. En même temps un corps de gendarmerie les fusillait de front. Les gardes nationaux, à qui on avait débité cette fable absurde, que le mont Valérien resterait neutre, furent atterrés par cette double attaque, qui coupait en deux leur détachement et qui avait jeté bas un certain nombre des leurs : saisis de terreur, incapables de résister, ceux qui purent s'enfuir se sauvèrent en désordre jusqu'au-delà du pont de Neuilly, cherchant à rentrer par toutes les portes de l'enceinte. Les autres furent faits prisonniers et emmenés à Versailles.

A défaut de rapport publié par la Commune sur cette désastreuse échauffourée, voici celui que, dans son journal du 4, publia le gouvernement de Versailles :

« Ce matin, dès la première heure, une forte colonne d'insurgés s'était portée par Courbevoie et Nanterre sur Rueil, et s'y était établie avec quelques pièces d'artillerie. Après avoir occupé la caserne, leur premier soin fut de construire des barricades. Un certain nombre s'avancèrent jusqu'à Bougival, se répandirent jusqu'à la Seine et jusqu'à Chatou.

« Mais le feu du mont Valérien les chassa de la plaine ; l'annonce des mouvements des troupes, qui se tenaient prêtes depuis le matin dans leurs positions au-dessus de Rueil et de Bougival, acheva de jeter l'incertitude et le trouble dans leurs rangs, et chefs et soldats commencèrent à se retirer isolément ou par groupes.

« Les troupes, à leur approche, ont été cependant accueillies par la fusillade ; mais leur élan a jeté le désordre parmi les insurgés, qui se sont dispersés en grande hâte.

« A cinq heures, Rueil, Nanterre et Courbevoie étaient délivrés, les barricades étaient détruites, et des insurgés, saisis sous différents costumes, étaient ramenés prisonniers.

« Les troupes, artillerie et gendarmerie, cuirassiers, bataillons de ligne et infanterie de marine, regagnaient leurs positions et leurs quartiers, accueillies partout, sur leur route, par des marques de chaleureuse sympathie. Leur attitude énergique et calme montrait assez le sentiment qu'elles ont du devoir pénible, mais impérieux, qu'elles remplissent.

« Un des chefs de l'insurrection, M. Flourens, a été tué, et son corps ramené dans la soirée.

« Dès le matin aussi, de nombreux bataillons d'insurgés avaient occupé les hauteurs de Meudon, la grande avenue qui, du château, descend à Bellevue, et un certain nombre de maisons du village.

« L'action s'est engagée vers six heures du matin.

« Le régiment des gendarmes à pied cantonné à Sèvres et quelques gardiens de la paix ont combattu pendant quatre heures avec une intrépidité admirable. Un millier d'hommes a tenu tête à des masses infiniment supérieures. Le colonel Grénelin s'est élancé à la tête du régiment, et les insurgés ont été délogés du village par une charge à la baïonnette.

« Un instant après, trois pièces d'artillerie placées sur la plate-forme du château de Meudon achevaient de jeter le désordre parmi les troupes de la rébellion, qui fuyaient en pleine déroute.

« Dans la soirée, M. le chef du pouvoir exécutif

pouvait annoncer à l'Assemblée nationale que, grâce à l'élan et à la fermeté de nos soldats, les insurgés, repoussés sur tous les autres points, ne tenaient plus que la position de Châtillon, dont quelques coups de canon suffiront sans doute à les déloger demain. »

Et en effet, le lendemain, à cinq heures du matin, la brigade Derroja et la division Pellé étaient en face de l'ouvrage de Châtillon. Deux batteries de 12 étaient chargées d'en éteindre le feu. Les troupes, dans leur ardeur, ne voulurent pas attendre que ces batteries eussent accompli leur tâche; elles enlevèrent la redoute au pas de course et firent 1,500 prisonniers.

Des deux généraux improvisés par les révoltés, l'un, appelé Duval, fut tué, et l'autre, appelé Henri, fut fait prisonnier. La cavalerie qui escortait les prisonniers eut la plus grande peine, à son entrée à Versailles, à les protéger contre l'irritation populaire.

Le général Pellé, l'un des meilleurs officiers de l'armée, fut blessé à la cuisse d'un éclat d'obus.

On le voit, ces premières entreprises guerrières n'avaient pas réussi à la Commune; son moyen de prédilection, la séduction, l'embauchage des soldats, n'avait pas abouti cette fois; elle avait trouvé devant elle des troupes bien commandées et résolues à remplir leur devoir. Le trop fameux Flourens, voyant ses bataillons débandés aux premiers coups de feu, s'était enfui de son côté et avait trouvé asile dans une maison de Bougival. Poursuivi jusque-là, un officier de gendarmerie l'avait arrêté au moment où il changeait de costume, et là il avait été tué, ainsi que son aide de camp, à la suite d'un combat corps à corps ; son cadavre, porté à Versailles, avait été rendu à sa mère, qui l'avait fait inhumer sans apparat. Triste fin d'une individualité bien douée, et qu'un orgueil démesuré avait jetée dans les aventures.

Aux nouvelles accablantes qu'elle recevait, la commission exécutive de la Commune répondit par le décret qu'on va lire, et qui fit hausser les épaules à tous les gens sérieux :

« La Commune de Paris,

« Considérant que les hommes du gouvernement de Versailles ont ordonné et commencé la guerre civile, attaqué Paris, tué et blessé des gardes nationaux, des soldats de la ligne, des femmes et des enfants ;

« Considérant que ce crime a été commis avec préméditation et guet-apens, contre tout droit et sans provocation,

« Décrète :

« Art. 1er. MM. Thiers, Favre, Picard, Dufaure, Simon et Pothuau sont mis en accusation.

« Art. 2. Leurs biens seront saisis et mis sous séquestre, jusqu'à ce qu'ils aient comparu devant la justice du peuple.

« Les délégués de la justice et de la sûreté générale sont chargés de l'exécution du présent décret.

« *La Commune de Paris.* »

En même temps un autre décret adoptait les familles de ceux qui succomberaient en repoussant l'agression criminelle des royalistes conjurés contre Paris. C'est ainsi qu'on trompait ces malheureux qui allaient se faire tuer pour une cause qu'ils ne comprenaient pas. Il est facile de promettre l'adoption, comme plus tard on promettra la pension aux veuves, quand on ne se préoccupe pas de tenir sa promesse. Et pouvait-on se faire illusion sur le sort final de cette insurrection? Pas une personne de bon sens qui s'y trompât. Les communeux eux-mêmes n'ont pu croire à leur triomphe définitif : c'était donc sciemment qu'ils abusaient ce peuple peu éclairé.

Dans le même ordre d'idées, c'est-à-dire afin de flatter les passions ou les appétits des masses, la Commune faisait paraître un décret qui prononçait la séparation de l'Église et de l'État et déclarait propriétés nationales les biens des congrégations religieuses ; puis elle réglait la question des loyers d'une manière radicale :

« Art. 1er. Remise générale est faite aux locataires des termes d'octobre 1870, janvier et avril 1871.

« Art. 2. Toutes les sommes payées par les locataires pendant les neuf mois seront imputables sur les termes à venir.

« Art. 3. Il est fait généralement remise des sommes dues pour les locations en garni.

« Art. 4. Tous les baux sont résiliables, à la volonté des locataires, pendant une durée de six mois, à partir du présent décret.

« Art. 5. Tous congés donnés seront, sur la demande des locataires, prorogés de trois mois. »

Sous deux formes différentes, c'était une double attaque à la propriété. Pendant tout leur règne, au surplus, nous verrons les gouvernants de l'Hôtel de Ville professer un profond mépris pour les propriétaires, rétablir même la confiscation, faire enfin du mot Commune un synonyme de communisme.

Il était bien difficile qu'avec de pareils principes on pût rallier la partie saine de la population ; aussi l'idée de la Commune ne fit-elle pas beaucoup de recrues, et si l'armée insurrectionnelle se grossit d'adhérents nouveaux, on peut dire hardiment que la misère seule ou la paresse les recruta ; sans les trente sous inventés par le gouvernement du 4 septembre, Paris n'aurait pas subi, on peut l'affirmer, le désastre du 18 mars. La presse, d'ailleurs, presque tout entière, sans prendre au sérieux la Commune, censura ses actes avec une vivacité qui amena la suppression successive de presque tous les journaux de Paris; quelques-uns aussi, menacés dans la personne de leurs rédacteurs, avaient dû quitter Paris et se faisaient imprimer à Versailles ou à Saint-Germain. Cette sévérité contre la presse était assez étrange de la part d'un gouvernement qui comptait dans son sein un grand nombre de journalistes : on les accusa, peut-être avec raison, d'avoir, en supprimant des journaux de toute nuance, voulu se débarrasser de concurrents plus goûtés du public. Félix Pyat, Jules Vallès, Paschal Grousset, Vermorel, etc., avaient en effet, sous les noms de : le *Vengeur*, le *Cri du peuple*, *Paris libre*, la *Sociale*, la *Montagne*, créé des organes chargés de mettre en relief leur sinistre personnalité.

Un autre symptôme du peu de confiance qu'inspirait la longévité de la Commune, c'est la façon dont fut accueilli l'appel fait par ses préposés aux contribuables en retard de payer leurs contributions; à part quelques individus timorés, personne ne vint verser son argent dans les caisses de collecteurs dans la probité desquels, d'ailleurs, on n'avait pas une foi entière. On verra plus loin à l'aide de quels expédients il fut pourvu au paiement des gardes nationaux et des autres services.

Désormais l'action militaire va se poursuivre avec une lenteur méthodique du côté de l'armée de Versailles, qui ne veut porter que des coups sûrs, ne donnant rien à l'imprévu, d'une manière bruyante ; sans plan arrêté du côté de la Commune. La ligne d'opérations commence à Asnières, dont les fédérés occupent les maisons sur la rive gauche de la Seine, passe à Neuilly sur la rive droite et se relie par le bois de Boulogne aux forts du sud, pour rejoindre la Seine à Choisy; les fronts nord et est ne prennent pas part à la lutte, couverts qu'ils sont par la zone neutre ou l'occupation prussienne. En regard des fédérés l'armée de l'Assemblée tient Courbevoie, Puteaux, Suresnes, Saint-Cloud, Sèvres, Bellevue, Meudon, Bagneux, Châtillon, Thiais, Lhay et Choisy; avec sa cavalerie elle bat tout le territoire environnant et va resserrer de jour en jour le cercle autour de Paris, empêchant à volonté d'entrer à Paris ou d'en sortir, arrêtant dans ce périmètre les convois de vivres dirigés sur la capitale.

La Commune, le 4 avril, a mis au ministère de la guerre M. Cluseret. Ancien officier de l'armée française; M. Cluseret, on ignore pour quelle cause, a quitté le service et est allé faire la guerre en Amérique où il a été nommé général ; revenu en France, il s'est fait connaître comme une de ces natures remuantes et impatientes du joug qui ne sont à leur aise que dans les déserts de l'autre monde. Sous l'Empire il a été, à titre de citoyen américain, expulsé de France; le gouvernement de la défense nationale a pris la même mesure contre lui en raison du trouble qu'il a jeté à Lyon et à Marseille. Bref, c'est une de ces individualités à la Flourens, qui n'acceptent la domination de personne et qui imposent volontiers la leur, tempéraments dangereux dans une société calme et ne trouvant leur milieu qu'aux époques tourmentées.

En même temps que la nomination de M. Cluseret, paraissait la proclamation suivante :

« Citoyens, les monarchistes qui siégent à Versailles ne vous font pas une guerre d'hommes civilisés; ils vous font une guerre de sauvages.

« Les Vendéens de Charette, les agents de Piétri *fusillent les prisonniers, égorgent les blessés, tirent sur les ambulances!* Vingt fois les misérables qui déshonorent l'uniforme de la ligne ont levé la crosse en l'air, puis, traîtreusement, ont fait feu sur nos braves et confiants concitoyens.

LE GÉNÉRAL TROCHU.

« Ces trahisons et ces atrocités ne donneront pas la victoire aux éternels ennemis de nos droits. Nous en avons pour garants l'énergie, le courage et le dévouement à la République de la garde nationale. Son héroïsme et sa constance sont admirables. Ses artilleurs ont pointé leurs pièces avec une justesse et une précision merveilleuses. Leur tir a plusieurs fois éteint le feu de l'ennemi, qui a dû laisser une mitrailleuse entre nos mains.

« Citoyens, la Commune de Paris ne doute pas de la victoire.

« Des résolutions énergiques sont prises.

« Les services, momentanément désorganisés par la défection et la trahison, sont maintenant réorganisés.

« Les heures sont utilement employées pour votre triomphe prochain.

« La Commune compte sur vous, comme vous pouvez compter sur elle.

« Bientôt il ne restera plus aux royalistes de Versailles que la honte de leurs crimes.

« A vous, citoyens, il restera toujours l'éternel honneur d'avoir sauvé la France et la République.

« *La commission exécutive*,

« BERGERET, DELESCLUZE, DUVAL, EUDES, FÉLIX PYAT, G. TRIDON, E. VAILLANT. »

Inutile de relever les mensonges et les calomnies contenues dans cette proclamation. Nous l'avons déjà dit, toutes les communications de la Commune avec le public n'ont été jusqu'à présent et ne seront que mensonges. La Commune sait qu'elle a affaire dans la ville à deux peuples tout différents, celui pour lequel elle écrit et qui est disposé à tout croire, l'autre, au contraire, qui ne croit rien d'elle, qui l'abhorre, qui la considère comme un outrage constant au bon sens, à la vulgaire probité, au patriotisme, et avec lequel, par conséquent, elle n'a aucune précaution à prendre. « Pour cette population, restée en dehors du mouvement communiste, dit M. Locke dans son *Histoire de la Commune*, elle assistait presque en simple spectatrice aux événements de chaque jour, incertaine du dénouement, bien que fort incrédule aux bulletins de la Commune et désireuse du succès de l'armée nationale. Il y eut ainsi, deux mois durant, à Paris, deux peuples distincts, l'un gouvernant, opprimant, combattant, s'imposant par la force brutale, l'autre, désorganisé, sans chefs, sans lien, regardant faire, hostile à la tyrannie, la raillant, en espérant la défaite, mais réduit à l'inaction par l'abandon où l'avaient laissé des chefs qui n'avaient guère ambitionné des grades que pour en faire parade. »

La proclamation que nous venons de rappeler n'était que le prélude d'une mesure qui annonçait assez les dispositions atroces des gens de l'Hôtel de Ville. Un décret à la date du 7 avril porte en effet :

« Art. 1er. Toute personne prévenue de complicité avec le gouvernement de Versailles sera immédiatement décrétée d'accusation et incarcérée.

« Art. 2. Un jury d'accusation sera institué dans les vingt-quatre heures pour connaître des crimes qui lui seront déférés.

« Art. 3. Le jury statuera dans les quarante-huit heures.

« Art. 4. Tous accusés retenus par le verdict du jury d'accusation seront les otages du peuple de Paris.

« Art. 5. Toute exécution d'un prisonnier de guerre ou d'un partisan du gouvernement régulier de la Commune de Paris sera, sur-le-champ, suivie de l'exécution d'un nombre triple des otages retenus en vertu de l'art. 4, et qui seront désignés par le sort.

« Art. 6. Tout prisonnier de guerre sera traduit devant le jury d'accusation, qui décidera s'il sera immédiatement remis en liberté ou retenu comme otage. »

Ainsi, des personnes déclarées simplement accusables pouvaient être mises à mort sans jugement, sans culpabilité reconnue. Remontant la chaîne des temps, on en revenait aux usages des peuples primitifs; on s'intitulait les apôtres de la civilisation, on se disait appelé à proclamer le dernier mot du progrès humanitaire, et on recréait la barbare coutume des otages ! Dans un autre décret on invoquera la loi du talion !

En vertu de cet odieux décret, l'archevêque de Paris, Mgr Darboy, le curé de la Madeleine, M. Deguerry, l'abbé Surat, plusieurs autres prêtres encore, M. Bonjean, ancien sénateur et président à la Cour de cassation, furent arrêtés et détenus comme otages. C'est M. Raoul Rigault, délégué à la Préfecture de police, qui s'arrogea le droit d'interroger l'archevêque; c'est ce membre de la Commune, âgé de vingt-quatre ans, qui répondit impudemment au vénérable archevêque bénissant les fédérés qui l'amenaient et les appelant : « mes enfants : » — « Il n'y a pas d'enfants ici, il n'y a que des magistrats. »

A la même époque, plusieurs églises étaient envahies et dépouillées des objets précieux servant au culte; le culte lui-même était supprimé et les temples fermés; toutes les congrégations religieuses étaient mises en interdit, conformément sans doute au décret sur la séparation de l'Eglise et de l'Etat, les supérieurs étaient emprisonnés, et les objets de valeur confisqués et versés à la Monnaie, ainsi que l'argenterie du ministère des affaires étrangères sur laquelle on avait fait main basse. Il fallait bien trouver les sommes nécessaires à payer les gardes nationaux : l'argent était la clef de voûte de l'édifice de la Commune ; elle savait bien que ce n'était pas un sentiment politique qui la soutenait, et que le jour où elle n'aurait plus d'argent, elle n'aurait plus de.... fédérés.

Au milieu de tous ces décrets sans portée, de toutes ces proclamations déclamatoires, toujours les mêmes, et dont nous craindrions de lasser nos lecteurs, le général de la Commune Cluseret cherchait à mettre un peu de discipline dans ses bataillons, où l'ivrognerie gagnait de jour en jour; la plus sérieuse difficulté était de trouver des chefs capables : à cette époque d'égalité à outrance, chacun voulait bien être au-dessus de son voisin, personne n'eût consenti à être au-dessous. Mais comme, depuis l'avénement de la Commune, un double courant n'avait cessé de régner dans les sphères du pouvoir, que le Comité central luttait d'influence avec l'Hôtel de Ville, et qu'il ne voyait pas sans dépit caracoler par les rues ces uniformes dorés sur toutes les coutures, un décret vint déclarer un beau matin « que le grade de général était supprimé, » qu'il n'y aurait désormais que des commandants; et, comme nul n'est prophète en son pays, à défaut de Français, de Parisiens pour commander, on nomma le citoyen Ladislas Dombrowski commandant de la place de Paris, en remplacement du citoyen Bergeret, le *héros* de Neuilly, appelé à d'autres fonctions.

Ce Dombrowski, d'origine polonaise, avait servi dans l'armée russe et fait la guerre du Caucase. Disgracié plus tard comme ayant pris part à une conspiration, il s'était réfugié en France où une affaire de complicité de fabrication et d'émission de faux billets de banque l'avait placé un moment sous la main de la justice. Pendant le siége de Paris, on avait cru devoir le faire arrêter comme agent prussien. Les journaux de l'Hôtel de Ville le présentèrent au public comme un des chefs de la dernière insurrection de la Pologne, quoique l'émigration polonaise le répudiât publiquement.

Le 10 avril, afin de réchauffer le zèle des adhérents, un peu refroidi par de successives défaites, un décret promit des pensions de 600 francs aux veuves des gardes nationaux tués « en défendant les droits du peuple. » Le même décret assurait une pension de 365 francs et, en cas de mort de la mère, l'éducation gratuite à chacun des enfants « reconnus ou non. »

Pendant que la Commune légiférait ainsi, sans

souci des prescriptions du Code civil qui protége la famille, les opérations militaires suivaient la marche méthodique tracée par les chefs de l'armée de Versailles. Chaque jour amenait des progrès lents, mais sûrs. Le pont de Neuilly était forcé et les troupes de l'Assemblée s'avançaient, à la suite de combats de rues et de maisons, dans le village, que le mont Valérien bombardait en même temps.

Au sud, le plateau de Châtillon s'était couvert de batteries dont es projectiles, de concert avec ceux des batteries de Sèvres et de Meudon, tombaient incessamment sur les forts d'Issy, de Vanves et de Montrouge. Les fédérés résistaient ; mais, mal commandés, très-indisciplinés, partout ils étaient forcés de lâcher prise.

Chaque jour ils perdaient du terrain, et, perte plus grave encore, des hommes, leurs bataillons ne se recrutant pas facilement. Si, en effet, la misère amenait dans leurs rangs des hommes contraints à rechercher la solde de trente sous et les vivres de campagne, ce recrutement ne suffisait pas à combler les vides faits par la mort ou la disparition. Le décret sur les réfractaires ne fournissait que peu de monde. Tous ceux qui trouvaient un moyen quelconque de quitter Paris en profitaient; les autres se cachaient pour échapper à cette véritable chasse à l'homme organisée par les municipalités avec le concours d'un trop grand nombre de délateurs.

La partie de la population parisienne que n'avaient pas grisée les théories de la Commune, envisageait avec inquiétude la perspective d'un nouveau siége. Déjà bien des ruines s'ajoutaient aux ruines du premier, et la dévastation frappait des localités que le feu de l'étranger n'avait pas atteintes, comme Neuilly, les Ternes, Asnières.

Des efforts, en vue de ménager une conciliation entre Paris et Versailles, furent alors tentés par plusieurs groupes de citoyens dont on ne peut pas mettre les intentions en suspicion, mais qui apparemment ne surent pas prendre les meilleurs moyens pour arriver à un bon résultat. La Commune, d'ailleurs, était bien résolue à ne céder ni transiger : La lutte, avait-elle dit, ne pouvait finir que par l'extermination de l'un ou de l'autre parti.

« Les conciliateurs, dit M. Lock, que nous avons déjà cité, dont tous n'étaient pas étrangers à l'agitation d'où était sortie la Commune, et dont plusieurs étaient moins zélés pour le bien public que pour leur importance personnelle, comprenaient assez singulièrement la mission qu'ils s'étaient attribuée. Au lieu de chercher quelles concessions pourraient être consenties de part et d'autre, ils rédigeaient des programmes et les présentaient, pour ainsi dire, comme des ultimatum. Un de ces groupes alla même jusqu'à dire, dans une proclamation affichée, que, si le gouvernement restait sourd aux revendications légitimes des Parisiens, « Paris tout entier se lèverait pour les défendre. » Etrange argument à l'appui de la conciliation, que la menace d'une nouvelle insurrection. Certes, rien n'eût été plus désirable que d'arrêter, dès le début, une guerre civile déjà bien cruelle. Mais, pour y réussir, il ne fallait pas prétendre que le gouvernement institué par la nation tout entière dût traiter d'égal à égal avec les chefs d'une insurrection accomplie seulement par une partie de la population d'une seule ville, cette ville fût-elle Paris. M. Thiers reçut, à diverses reprises, les délégués des différents groupes de conciliateurs ; il leur déclara invariablement que lui, chef du pouvoir exécutif, ne se prêterait jamais au renversement de la République ; que Paris aurait les franchises municipales accordées à toutes les villes de France par une loi en préparation; que la Commune devait se dissoudre; que tous les gardes nationaux qui déposeraient les armes auraient la vie et la liberté sauves, excepté les généraux de la Commune ; que la solde de 1 franc 50 centimes serait maintenue jusqu'à la reprise du travail.

« Le chef du gouvernement ne pouvait tenir un

autre langage; peut-être eût-il fait de plus larges concessions si on lui eût apporté des propositions sérieuses venant de la Commune, mais celle-ci ne se départit point de formules vagues et indécises sous lesquelles se cachait la ferme volonté de ne pas traiter.

« Les négociations se poursuivirent jusque vers la fin de la guerre, excitant plus de curiosité que de vraie espérance. Les conciliateurs perdirent peu à peu tout crédit sur l'opinion, en abaissant successivement leur programme à mesure que les chances de victoire s'évanouissaient pour la Commune. »

Le vertige avait d'ailleurs saisi la Commune. Après avoir arrêté un grand nombre de prêtres, s'être emparée des meubles et des immeubles des congrégations et fermé les églises, elle les avait rouvertes aux clubistes. Des clubs s'étaient installés à Saint-Eustache, à Saint-Nicolas-des-Champs, à Saint-Séverin, dans vingt autres églises encore, et on pouvait lire sur les murs de Paris des avis ainsi conçus : *Club Nicolas-des-Champs*, ou *Club Germain-l'Auxerrois*. Là, au milieu de la fumée des pipes et des cigares, hommes et femmes péroraient dans la chaire, et l'édifice consacré à la divinité entendait chaque soir nier l'existence de Dieu aux applaudissements d'une foule inepte ou inconsciente.

Nous avons raconté plus haut comment, par un

odieux abus de la force, la Commune avait réuni dans ses prisons un certain nombre d'otages, ecclésiastiques ou autres; elle avait conçu la pensée d'en tirer parti, et d'échanger le vénérable archevêque de Paris contre le trop fameux Blanqui. Condamné à mort par contumace pour participation à un attentat contre la société, cet incorrigible conspirateur avait été arrêté par le gouvernement de Versailles alors qu'il se mettait en route pour occuper son siége de membre de la Commune. Mgr Darboy avait été sollicité d'écrire dans cet objet au chef du pouvoir exécutif, et le *Journal officiel* de Paris du 27 avril avait publié la lettre suivante :

« Prison de Mazas, 12 avril 1871.

« Monsieur le président,

« J'ai l'honneur de vous soumettre une communication que j'ai reçue hier au soir, et je vous prie d'y donner la suite que votre sagesse et votre humanité jugeront la plus convenable.

« Un homme influent, très-lié avec M. Blanqui par certaines idées politiques, et surtout par le sentiment d'une vieille et solide amitié, s'occupe activement de faire qu'il soit mis en liberté. Dans cette vue, il a proposé de lui-même aux commissaires que cela concerne cet arrangement : Si M. Blanqui est mis en liberté, l'archevêque de Paris sera rendu à la liberté avec sa sœur, M. le président Bonjean, M. Deguerry, curé de la Madeleine, et M. Lagarde, vicaire général de Paris, celui-là même qui vous remettra la présente lettre. La proposition a été agréée, et c'est en cet état qu'on me demande de l'appuyer près de vous.

« Quoique je sois en jeu dans cette affaire, j'ose la recommander à votre haute bienveillance; mes motifs vous paraîtront plausibles, je l'espère.

« Il n'y a déjà que trop de causes de dissentiment et d'aigreur parmi nous; puisqu'une occasion se présente de faire une transaction, qui du reste ne regarde que les personnes et non les principes, ne serait-il pas sage d'y donner les mains et de contribuer ainsi à préparer l'apaisement des esprits?

« L'opinion ne comprendrait peut-être pas un tel refus.

« Dans les crises aiguës comme celles que nous traversons, des représailles, des exécutions par l'émeute, quand elles ne toucheraient que deux ou trois personnes, ajoutent à la terreur des uns, à la colère des autres, et aggravent encore la situation. Permettez-moi de vous dire, sans autres détails, que cette question d'humanité mérite de fixer toute votre attention, dans l'état présent des choses à Paris.

« Oserais-je, monsieur le président, vous avouer ma dernière raison? Touché du zèle que la personne dont je parle déployait avec une amitié si vraie en faveur de M. Blanqui, mon cœur d'homme et de prêtre n'a pas su résister à ces sollicitations émues, et j'ai pris l'engagement de vous demander l'élargissement de M. Blanqui le plus promptement possible. C'est ce que je viens de faire.

« Je serais heureux, monsieur le président, que ce que je sollicite ne vous parût point impossible ; j'aurais rendu service à plusieurs personnes et même à mon pays tout entier.

« G. DARBOY. »

Cette lettre fut portée à Versailles par un prêtre détenu, M. l'abbé Lagarde, mais l'échange fut refusé; condamné à mort par un jugement régulier, Blanqui, fut-il répondu, appartenait à la justice. Il est regrettable que la loi n'ait pas cru devoir fléchir en cette circonstance et concéder à M. Flotte, le cuisinier, la liberté de son ami Blanqui. Des malheurs irréparables eussent sans doute été conjurés. Qui pouvait, après tout, supposer tant de scélératesse dans les hommes du 18 mars! L'irritation fut grande parmi e communeux à la nouvelle du refus, et la position des otages en devint plus précaire.

Celle des habitants de Paris restés en dehors du mouvement n'était pas meilleure. Dans un ordre réglant les questions disciplinaires, le délégué à la guerre Cluseret décrétait tout à coup la levée en masse.

« Font partie des bataillons de guerre tous les citoyens de 17 à 35 ans non mariés, les gardes mobiles licenciés, les volontaires de l'armée ou civils. Les effets de campement seront complétés dans le plus bref délai. »

Deux jours après, la mesure était aggravée par l'arrêté suivant, des considérants duquel on appréciera la sincérité :

« Considérant les patriotiques réclamations d'un grand nombre de gardes nationaux qui tiennent, quoique mariés, à l'honneur de défendre leur indépendance municipale, même au prix de leur vie, le décret du 5 avril est ainsi modifié :

« De dix-sept à dix-neuf ans, le service dans les compagnies de guerre sera volontaire, et de dix-neuf à quarante obligatoire pour les gardes nationaux, mariés ou non.

« J'engage les bons patriotes à faire eux-mêmes la police de leur arrondissement et à forcer les réfractaires à servir.

« *Le délégué à la guerre,*

« Général CLUSERET. »

L'effet immédiat de cet ordre fut d'accélérer encore la dépopulation de Paris. Tous ceux qui le purent fuirent en hâte cette odieuse atteinte à la liberté individuelle en même temps qu'à la liberté de conscience ; sous tous les prétextes possibles, sous tous les déguisements imaginables, à l'aide même d'argent donné aux gardes nationaux de service, qui le recevaient sans sourciller, les jeunes gens de la catégorie indiquée quittèrent en masse la ville inhospitalière. Ceux qui, ne prenant pas au sérieux les menaces de ces croque-mitaines de faubourgs, persistèrent à demeurer, furent exposés à toutes les aventures. Un nouvel attentat vint émouvoir tout ce qui avait un sentiment honnête à Paris. Le 15 avril, on lisait en tête du *Siècle* :

« Ce soir, vers quatre heures, on s'est présenté chez M. Chaudey pour l'arrêter. M. Chaudey n'était pas chez lui, mais il fut prévenu que les porteurs du mandat d'arrêt iraient au *Siècle*. M. Chaudey se rendit au *Siècle*. On était déjà venu ; toutes les personnes présentes l'engagèrent à se mettre en lieu sûr. M. Chaudey refusa. Une demi-heure plus tard, on vint l'arrêter. On accuse, paraît-il, M. Chaudey d'avoir fait tirer de l'Hôtel de Ville le 22 janvier. Cette accusation n'est digne ni fondée. Si M. Chaudey avait défendu l'Hôtel de Ville attaqué, il aurait fait son devoir. Mais la vérité est que, loin d'avoir ordonné le feu, M. Chaudey fut surpris d'entendre des coups de fusil, ni plus ni moins qu'a pu l'être un garçon de bureau quelconque. »

M. Chaudey avait été adjoint à la Mairie de Paris sous le gouvernement du 4 septembre. Il s'était acquitté de ses fonctions avec un grand esprit de modération. Mais, comme rédacteur du *Siècle*, il avait, paraît-il, encouru la haine d'un de ses confrères, et c'est sur la dénonciation d'un rédacteur du *Père Duchêne* qu'il avait été arrêté.

A supposer que l'acte reproché à M. Chaudey fût un crime, c'était un crime de l'ordre politique et, à ce titre, il était couvert par le décret d'amnistie du 20 mars. Aussi l'opinion publique ne se méprit point sur la véritable signification de l'acte communal : elle y vit une menace à la presse.

N'oublions pas un détail caractéristique de cette époque. Dans la perquisition faite au domicile de M. Chaudey, en même temps que certains papiers, l'agent de la Commune n'avait pas oublié d'emporter une somme de huit cents francs qu'il avait trouvée dans un secrétaire. Cet agent était un sieur Pilotel, auteur d'ignobles caricatures ; il fut convaincu de s'être approprié la somme, et le journal de M. Rochefort, le *Mot d'ordre*, faisant cette fois montre de puritanisme, conseilla, à la suite de ce haut fait, de changer désormais le nom de Pilotel en celui de *Pille-hôtel.*

Cet attentat contre la liberté individuelle, qui devait avoir des suites si funestes pour celui qui en était l'objet, fut suivi, à peu de jours de là, d'un nouvel attentat contre la propriété. Enhardie par la durée de son pouvoir, ou en prévoyant la chute prochaine, l'Internationale pensa à mettre à exécution une partie de son programme. Elle publia dans son journal officiel le décret dont voici le texte :

« Les chambres syndicales ouvrières sont convoquées à l'effet d'instituer une commission d'enquête ayant pour but :

« 1° De dresser une statistique des ateliers abandonnés, ainsi qu'un inventaire exact de l'état dans lequel ils se trouvent et des instruments de travail qu'ils renferment ;

« 2° De présenter un rapport établissant les conditions pratiques de la prompte mise en exploitation de ces ateliers, non plus par les déserteurs qui les ont abandonnés, mais par l'association coopérative des travailleurs qui y étaient employés ;

« 3° D'élaborer un projet de constitution de ces sociétés coopératives ouvrières ;

« 4° De constituer un jury arbitral qui devra statuer, au retour desdits patrons, sur les conditions de la cession définitive des ateliers aux sociétés ouvrières, et sur la quotité de l'indemnité qu'auront à payer les sociétés aux patrons.

« Cette commission d'enquête devra adresser son rapport à la commission communale du travail et de l'échange, qui sera tenue de présenter à la Commune, dans le plus bref délai, le projet de décret donnant satisfaction aux intérêts de la Commune et des travailleurs. »

L'intention de spolier une certaine classe de citoyens était évidente ; nous croyons qu'elle ne put être suivie d'effet, en raison des préoccupations militaires, en l'absence aussi d'ouvriers prêts à faire fonctionner les établissements prétendus abandonnés.

Une autre idée de l'Internationale, celle-là burlesque, ce fut d'interdire la fabrication du pain pendant la nuit, à peine de saisie des quantités fabriquées en dehors des heures de travail permises. C'est en vain que les patrons et les ouvriers eux-mêmes réclamèrent contre cette atteinte à la liberté du travail ; c'est en vain que les journaux, tournant la mesure en ridicule, démontrèrent, aux rires approbatifs du public frondeur, qu'elle avait au moins le tort de n'être pas générale et de laisser en proie au travail de nuit certaines catégories de travailleurs non moins dignes d'intérêt que les garçons boulangers; l'Internationale maintint son décret, et les Parisiens, quoi qu'en dît leur estomac, durent manger leur pain ou rassis ou tout chaud.

Voilà où nous en étions réduits! Il était d'ailleurs plus facile à la Commune d'imposer ses fantaisies au dedans de Paris que de dominer au dehors.

Le 18 et le 19, un fait militaire important se produisit : le château de Bécon, près de Courbevoie, occupé par les fédérés, fut enlevé de vive force par l'armée de Versailles; du même coup les troupes de la Commune furent obligées d'abandonner les villages de Colombes et d'Asnières et de repasser la Seine; désormais il ne leur était plus permis de tenir que la rive droite, sur laquelle le canon de l'armée régulière les foudroyait incessamment. L'heure approchait où l'insurrection ne franchirait plus les murs d'enceinte de la ville. Le 25 avril, une suspension d'armes obtenue par l'intervention des sieurs Bonvalet et Stupuy, qui s'étaient beaucoup employés pour une conciliation entre la Commune et Versailles, permit aux habitants de Neuilly, exposés au feu des deux partis, de rentrer dans Paris ou de gagner les lignes versaillaises. Le champ des opérations se rétrécissait donc de jour en jour.

D'un autre côté, les caisses de la Commune se vidaient. Pendant longtemps elle avait vécu des sommes déposées à la Banque de France au compte de la ville de Paris; cette ressource épuisée, elle avait fait appel aux contribuables, et, à leur défaut, elle avait pris à droite et à gauche, dans les caisses des Compagnies de chemin de fer, dans celle de la Compagnie du gaz, et finalement chez les particuliers que la notoriété faisait le plus riches. A ces ressources, elle imagina d'en joindre d'autres, et, dans cette pensée, elle décida que les notaires, huissiers, commissaires-priseurs, greffiers de tribunaux recevraient à l'avenir un traitement fixe, et verseraient chaque mois le prix des actes qu'ils auraient passés. Et, à cet effet, le délégué à la justice, l'avocat Protot, nomma gravement un certain nombre de ces officiers. Entre autres actes dus à ces nouveaux praticiens, nous rappellerons celui qui annonçait la vente aux enchères publiques pour le dimanche 21 mai, du *matériel garnissant la chapelle Bréa :* cette chapelle, en effet, bâtie en expiation du meurtre du général de Bréa, en 1848, avait été dénoncée comme rappelant la mort injuste de patriotes, et sa démolition avait été résolue. C'était, on le voit, un défi jeté à ce que la société devrait avoir de plus respectable, la justice, et une approbation indirecte de l'assassinat des généraux Lecomte et Clément Thomas, tués dans des circonstances identiques à celles où avait succombé le général de Bréa.

Il en avait été de même pour un monument national, la colonne Vendôme; un décret rendu sur la proposition du citoyen Courbet, le peintre d'Ornans, le chef de l'école réaliste, en avait ordonné la démolition. Cette colonne était, disaient les considérants du décret, une glorification de la guerre entre les peuples et, par conséquent, une injure perpétuelle au sentiment humanitaire. Moins heureuse que l'église Bréa ou la chapelle expiatoire de Louis XVI, qui survécurent aux arrêtés prononçant leur démolition, la colonne de la place Vendôme, point de mire de l'Internationale, fut jetée bas au son d'une musique militaire et d'un discours du pharmacien Miot, membre de la Commune. On a prétendu que le gouvernement prussien avait soudoyé de son or cette sauvage destruction, et que des officiers de son armée assistaient à la chute de la colonne. Bien que le fait ne puisse être authentiquement établi, il est vraisemblable. Qui donc, sinon les Prussiens, avait intérêt à la chute d'un monument rappelant une époque glorieuse pour la France?

Le mois de mai s'ouvrait menaçant pour la Commune. Au dehors l'armée de l'Assemblée refoulait pied à pied les bandes fédérées. Deux des forts du Sud, battus par une artillerie formidable, voyaient successivement paralyser leurs défenses, tandis que des tranchées, creusées avec une activité infatigable, menaçaient de les isoler bientôt du corps de la place. De toutes parts aussi se dressaient de nouvelles batteries. Neuilly, malgré les bulletins triomphants de Dombrowski, tombait partie par partie aux mains des troupes de Versailles, ainsi que Levallois et Champerret. A l'intérieur la dépopulation continuait ; les habitants fuyaient devant la perspective d'un assaut et d'un combat dans les rues. La ville était morne et désolée, les boulevards, naguère si bruyants, si affairés, étaient déserts ; de rares voitures circulaient, et les omnibus servaient presque exclusivement aux transports de vivres ou de munitions. Au milieu de cette interruption de la vie parisienne, et comme opposition, les fontaines monumentales continuaient à lancer imperturbablement leurs eaux. Sur toutes les places campaient des postes de fédérés qui procédaient nuit et jour à leur cuisine en plein vent ; mais autant la population se montrait autrefois curieuse des habitudes de ménage des soldats, autant elle s'éloignait avec soin de ces bivouacs où les malfaiteurs et les ivrognes formaient assurément la majorité.

L'insuccès qui avait suivi jusqu'ici les tentatives de

Hôtel de Ville avant l'incendie.

conciliation entre Versailles et la Commune n'avait cependant pas lassé les conciliateurs. Un certain nombre de francs-maçons avait imaginé dans ce but une tentative assez théâtrale. Après avoir déployé leurs bannières à l'Hôtel de Ville où Jules Vallès, sans rire, leur avait donné son écharpe municipale, reçue avec le même sérieux, les frères s'en étaient allés planter les mêmes bannières sur le rempart : la vue seule de ces emblèmes devait, pensaient-ils, arrêter le feu des assiégeants. Grande était la foule qui les accompagnait et qui attendait, dans des sentiments divers, le résultat de cette puérile démonstration. Par une coïncidence bizarre, les batteries de Versailles s'étaient tues. On en avait conclu que l'intervention franc-maçonnique produisait son effet, et que Versailles s'humiliait devant le niveau, Mais, au bout d'une demi-heure, une des bannières était renversée par les obus; francs-maçons et profanes quittaient brusquement la place, les premiers déclarant dès ce moment une guerre à mort à l'Assemblée, qui avait le tort de n'être pas de leur avis.

Battue de ce côté, la Commune suggéra à la réunion connue sous le nom de *Ligue de l'union républicaine* l'idée de provoquer une sorte de croisade des conseils municipaux des grandes villes de France, et de convoquer à Bordeaux un congrès, qui, souverain arbitre, imposerait sa décision à l'une et à l'autre partie belligérante. Le gouvernement s'opposant à ce congrès et ayant les moyens de l'empêcher de se réunir dans l'une ou l'autre des villes de province, le Luxembourg fut pompeusement indiqué par le comité de l'Hôtel de Ville pour servir de lieu d'assemblée au congrès. M. Paschal Grousset, qui se donnait le titre de délégué aux affaires étrangères, profita même de cette circonstance pour écrire une de ces tirades à effet qu'il affectionnait particulièrement. Mais, de même que les précédentes, cette tentative demeura stérile. Disons-le, elle n'avait vraiment pas de raison d'être, il n'y avait pas de place pour une conciliation : deux pouvoirs étaient en présence, l'un légitime, qui ne pouvait pardonner qu'après la victoire; l'autre insurrectionnel, qui n'avait qu'à vaincre ou à se soumettre.

Pendant que la Commune cherchait, dans ses proclamations à inspirer confiance à ses partisans, ses actes disaient assez qu'elle ne l'avait plus elle-même. Le doute l'avait envahie; incertaine maintenant du dénouement final, elle se défiait de tout le monde et voyait un ennemi ou des traîtres dans un de ses agents qui n'avait pas réussi. Le 1er mai, le *Journal officiel* publiait les deux avis suivants :

« Le citoyen Cluseret est révoqué de ses fonctions

de délégué à la guerre. Son arrestation, ordonnée par la Commission exécutive, est approuvée par la Commune.

« Il a été pourvu au remplacement provisoire du citoyen Cluseret; la Commune prend toutes les mesures de sûreté nécessaire. »

« La Commission exécutive

« Arrête :

« Le citoyen Rossel est chargé, à titre provisoire, des fonctions de délégué à la guerre.

« Paris, le 30 avril 1871.

« JULES ANDRIEU, PASCHAL GROUSSET, ED. VAILLANT, F. COURNET, JOURDE. »

Pourquoi le citoyen Rossel était-il mis à la place du citoyen Cluseret? Personne n'en savait la raison et tout le monde la pressentait. Sans troupes dignes de ce nom, sans officiers capables, sans subordination surtout, quel commandant, eût-il été cent fois plus capable que Cluseret, eût abouti à un résultat meilleur? Non-seulement Cluseret était remplacé, mais, suivant les traditions de la première République, il était arrêté, enfermé à l'Hôtel de Ville, et l'on instruisait son procès.

Le nouveau délégué à la guerre, Rossel, n'était pas,

comme ses collègues, le premier venu. Ancien élève de l'Ecole polytechnique, il avait servi dans l'armée française. Après la capitulation de Metz, il avait pu s'échapper des mains des Prussiens et était venu offrir ses services au gouvernement de la défense nationale, qui ne les avait pas acceptés. Le dépit lui fit embrasser le service de la Commune.

En même temps que s'opérait ce changement de personnes, un Comité de salut public était institué, chargé des pouvoirs les plus étendus. Réminiscence de la République de 93, le second comité, pas plus que le premier, ne devait sauver le principe qu'il représentait. Mais il existe au sein de notre pays une catégorie d'hommes arriérés, enclins à remonter le cours du temps et pour lesquels il suffit de s'affubler des noms ou des emblèmes d'une autre époque pour s'y croire revenus.

La restauration républicaine n'avait pas porté bonheur aux troupes de la Commune, et le nouveau général inaugurait son généralat par un désastre.

« Dans la nuit du 3 au 4 mai, disait l'organe de la Commune, la redoute du Moulin-Saquet était gardée par des détachements du 55e et du 120e bataillon, lorsqu'un détachement de troupes versaillaises se présenta à la porte comme patrouille, fut admise dans le fort après avoir régulièrement donné le mot d'ordre, chargea alors la garnison surprise, la chassa de la redoute et emmena immédiatement six pièces de canon avec des attelages préparés d'avance. »

Il y avait eu, en effet, une surprise exécutée par un détachement de l'armée de Versailles et qui avait amené, outre l'enlèvement des canons dont il est question ci-dessus, la mort d'un nombre notable de fédérés. Y avait-il eu trahison, était-ce le résultat d'une attaque de vive force ? Avec la confusion qui régnait alors, on ne le sut pas au juste : le bruit qui s'accrédita le plus, c'est que les troupes de l'Assemblée avaient profité pour s'introduire dans la redoute d'un moment où des libations trop copieuses avaient endormi la vigilance des gardes nationaux.

Ce n'était d'ailleurs qu'un épisode dans le drame dont le dénouement approchait. Chaque jour enregistrait un sacrifice pareil, une inutile effusion de sang : avec la même insouciance les fédérés chaque jour retournaient se faire battre.

A mesure que se déroulaient les événements qui, aux yeux des hommes clairvoyants, devaient fatalement conduire la Commune à sa perte, celle-ci continuait son œuvre de vengeance et de destruction. La chapelle expiatoire de Louis XVI, « insulte permanente à la première Révolution et protestation perpétuelle de la réaction contre la justice du peuple, » devait, aux termes d'un décret, être détruite. Une nouvelle série de sept journaux, dont le tort était d'avoir conservé quelque bon sens et de n'être pas de l'avis de la Commune, était condamnée à la suppression immédiate. Deux membres de la Commune eux-mêmes, à la même époque (spectacle peu édifiant pour les profanes), étaient violemment expulsés du sein de la représentation. Le premier, un sieur Blanchet, était accusé d'avoir été secrétaire de commissaire de police et d'avoir sollicité les suffrages du peuple sous un nom d'emprunt, puisqu'il s'appelait Panille; le second, un sieur Allix, père des escargots sympathiques, était enfermé à la maison de Charenton, en raison de ses excentricités qui troublaient, disait-on, la gravité des délibérations du conseil communal. En comptant Cluseret, trois membres, sous divers prétextes, étaient donc déclarés indignes. Ces trois brebis galeuses devaient être suivies de plusieurs autres.

Le 8 mai, une visible inquiétude se lisait dans le compte-rendu de la séance de la Commune. Un membre, le sieur Miot, avait demandé pourquoi, depuis trois jours, il n'était pas publié de rapports de la guerre, et personne n'avait su lui répondre. Le Comité de salut public lui-même, avait-on dit, n'en recevait pas. A quoi tenait ce silence et à qui fallait-il l'imputer ? Le public, le public clairvoyant s'entend, celui qui ne croyait pas à la Commune, s'en doutait bien, et pour lui « pas de nouvelles » signifiait « bonnes nouvelles. » En effet, le dénouement approchait. Le 8, le gouvernement de l'Assemblée faisait publier le document suivant, qu'on pouvait prendre, au fond, pour une véritable sommation à l'adresse de l'insurrection comme à l'adresse des Parisiens :

« *Le gouvernement de la République française aux Parisiens.*

« La France, librement consultée par le suffrage universel, a élu un gouvernement qui est le seul légal, le seul qui puisse commander l'obéissance, si le suffrage universel n'est pas un vain mot.

« Ce gouvernement vous a donné les mêmes droits que ceux dont jouissent Lyon, Marseille, Toulouse, Bordeaux, et, à moins de mentir au principe de l'égalité, vous ne pouvez demander plus de droits que n'en ont toutes les autres villes du territoire.

« En présence de ce gouvernement, la Commune, c'est-à-dire la minorité qui vous opprime et qui ose se couvrir de l'infâme drapeau rouge, a la prétention d'imposer à la France ses volontés. Par ses œuvres, vous pouvez juger du régime qu'elle vous destine. Elle viole les propriétés, emprisonne les citoyens pour en faire des otages, transforme en déserts vos rues et vos places publiques, où s'étalait le commerce du monde, suspend le travail dans Paris, le paralyse dans toute la France, arrête la prospérité qui était prête à renaître, retarde l'évacuation du territoire par les Allemands et vous expose à une nouvelle attaque de leur part, qu'ils se déclarent prêts à exécuter sans merci, si nous ne venons pas nous-mêmes comprimer l'insurrection.

« Nous avons écouté toutes les délégations qui nous ont été envoyées, et pas une ne nous a offert une condition qui ne fût l'abaissement de la souveraineté nationale devant la révolte, le sacrifice de toutes les libertés et de tous les intérêts. Nous avons répété à ces délégations que nous laisserions la vie sauve à ceux qui déposeraient les armes, que nous continuerions le subside aux ouvriers nécessiteux. Nous l'avons promis, nous le promettons encore ; mais il faut que cette insurrection cesse, car elle ne peut se prolonger sans que la France y périsse.

« Le gouvernement qui vous parle aurait désiré que vous puissiez vous affranchir vous-mêmes des quelques tyrans qui se jouent de votre liberté et de votre vie. Puisque vous ne le pouvez pas, il faut bien qu'il s'en charge, et c'est pour cela qu'il a réuni une armée sous vos murs, armée qui vient, au prix de son sang, non pas vous conquérir, mais vous délivrer.

« Jusqu'ici, il s'est borné à l'attaque des ouvrages extérieurs. Le moment est venu où, pour abréger votre supplice, il doit attaquer l'enceinte elle-même. Il ne bombardera pas Paris, comme les gens de la Commune et du Comité de salut public ne manqueront pas de vous le dire. Un bombardement menace toute la ville, la rend inhabitable, et a pou but d'intimider les citoyens et de les contraindre à une capitulation. Le gouvernement ne tirera le canon que pour forcer une de vos portes, et s'efforcera de limiter au point attaqué les ravages de cette guerre dont il n'est pas l'auteur.

« Il sait, il aurait compris de lui-même, si vous ne le lui aviez fait dire de toutes parts, qu'aussitôt que les soldats auront franchi l'enceinte, vous vous rallierez au drapeau national pour contribuer, avec notre vaillante armée, à détruire une sanguinaire et cruelle tyrannie.

« Il dépend de vous de prévenir les désastres qui sont inséparables d'un assaut. Vous êtes cent fois plus nombreux que les sectaires de la Commune. Réunissez-vous, ouvrez-nous les portes qu'ils ferment à la loi, à l'ordre, à votre prospérité, à celle de la France. Les portes ouvertes, le canon cessera de se faire entendre; le calme, l'ordre, l'abondance, la paix rentreront dans vos murs; les Allemands évacueront votre territoire, et les traces de nos maux disparaîtront rapidement.

« Mais si vous n'agissez pas, le gouvernement sera obligé de prendre pour vous délivrer les moyens les plus prompts et les plus sûrs. Il vous le doit à vous, mais il le doit surtout à la France, parce que les maux qui pèsent sur vous pèsent sur elle; parce que le chômage qui vous ruine s'est étendu à elle et la ruine également; parce qu'elle a le droit de se sauver, si vous ne savez pas vous sauver vous-mêmes.

« Parisiens, pensez-y mûrement : dans très-peu de jours nous serons dans Paris. La France veut en finir avec la guerre civile. Elle le veut, elle le doit, elle le peut. Elle marche pour vous délivrer. Vous pouvez contribuer à vous sauver vous-mêmes, en rendant l'assaut inutile, et en reprenant votre place dès aujourd'hui au milieu de vos concitoyens et de vos frères. »

Cet appel ne pouvait malheureusement pas être suivi d'effet. Affaibli par la désertion, sans armes devant un ennemi armé, sans chefs, ce qui restait du parti de l'ordre en était réduit à faire de stériles vœux. Le bombardement, les privations dont Paris était menacé, c'était lui seul qui avait à en souffrir, et il se reconnaissait impuissant à l'empêcher.

LE MARÉCHAL MAC-MAHON.

Suivant ses habitudes, la Commune avait répondu à ce document par un torrent d'injures contre le pouvoir exécutif et l'Assemblée : cette fois, en raison sans doute de l'imminence de la chute et de l'impuissance de la conjurer, les invectives prenaient un caractère encore plus grossier et les actes devenaient plus agressifs. Le nouveau Comité de salut public, — car le premier, on ne sait pourquoi, venait d'être renversé, — s'exprimait ainsi :

« Le Comité de salut public,

« Vu l'affiche du sieur Thiers, se disant chef du pouvoir de la République française ;

« Considérant que cette affiche, imprimée à Versailles, a été apposée sur les murs de Paris par les ordres dudit sieur Thiers ;

« Que, dans ce document, il déclare que son armée ne bombarde pas Paris, tandis que chaque jour des femmes et des enfants sont victimes des projectiles fratricides de Versailles ;

« Qu'il y est fait un appel à la trahison pour pénétrer dans la place, sentant l'impossibilité absolue de vaincre par les armes l'héroïque population de Paris,

« Arrête :

« Art. 1er. Les biens meubles des propriétés de Thiers seront saisis par les soins de l'administration des domaines.

« Art. 2. La maison de Thiers, située place Georges, sera rasée.

« Art. 3. Les citoyens Fontaine, délégué aux domaines, et J. Andrieu, délégué aux services publics, sont chargés, chacun en ce qui le concerne, de l'exécution IMMÉDIATE du présent arrêté.

« Paris, 21 floréal an 79.

« *Les membres du Comité de salut public*,

« ANT. ARNAUD, EUDES, F. GAMBON, G. RANVIER. »

Le lendemain, en effet, en exécution de cet arrêté, une bande de séides était dirigée sur l'hôtel de la rue Saint-Georges, on enlevait et on portait en hâte, dans des voitures réquisitionnées, les objets d'art réunis avec tant de soin, depuis quarante ans, par l'illustre homme d'Etat, puis, sur un signe des chefs, des démolisseurs abrutis commençaient leur œuvre de destruction. Quel plus affligeant spectacle que celui de ces ouvriers, véritables machines, prêtant, en échange du salaire quotidien, leurs bras à n'importe quelle besogne, et construisant avec la même indifférence des barricades homicides ou les ateliers de fécondes industries ! Nonobstant d'ailleurs l'activité imprimée à cette œuvre sauvage, elle n'était pas achevée lors de l'entrée des troupes dans

Paris, et l'on peut voir encore, au milieu des décombres, certains murs restés debout de l'élégant hôtel de la « place Georges. »

Cette puérile vengeance, digne tout au plus d'un peuple primitif, n'était pas, on le pense bien, de nature à arrêter l'armée assaillante. Elle avançait savamment, méthodiquement, et chaque jour maintenant enregistrait un progrès nouveau. Sur la rive droite, elle avait presque complétement chassé les fédérés de Neuilly et de Levallois; le bois de Boulogne était évacué, et les remparts, de Clichy au Point-du-Jour, étaient rendus impraticables par les canons du mont Valérien. Une formidable batterie de soixante canons de gros calibre avait été placée en outre à Montretout et écrasait de ses projectiles les élégantes maisons d'Auteuil. Sur la rive gauche, la Commune ne tenait plus que les forts; toute la campagne, incessamment battue par la cavalerie, était purgée d'insurgés; le siége des forts de Vanves et d'Issy était commencé, et le plateau de Châtillon couvrait de ses feux le fort de Montrouge. Le 9, dans l'après-midi, on put lire tout à coup sur les murs l'affiche suivante :

« Midi et demi.

« Le drapeau tricolore flotte sur le fort d'Issy, abandonné hier soir par la garnison. »

De qui émanait cette communication? qui l'avait fait imprimer et afficher? A n'en consulter que la teneur, elle semblait provenir du chef du pouvoir exécutif de Versailles. En fait, elle était signée Rossel; c'était le délégué à la guerre qui rendait ainsi compte de la chute du fort d'Issy. Le journal le *Mot d'ordre*, rédigé par Rochefort, expliquait l'énigme par la lettre suivante :

« Paris, le 9 mai 1871.

« Citoyens membres de la Commune,

« Chargé par vous à titre provisoire de la délégation de la guerre, je me sens incapable de porter plus longtemps la responsabilité d'un commandement où tout le monde délibère et où personne n'obéit.

« Lorsqu'il a fallu organiser l'artillerie, le Comité central d'artillerie a délibéré et n'a rien prescrit. Après deux mois de révolution, tout le service de vos canons repose sur l'énergie de quelques volontaires dont le nombre est insuffisant.

« A mon arrivée au ministère, lorsque j'ai voulu favoriser la concentration des armes, la réquisition des chevaux, la poursuite des réfractaires, j'ai demandé à la Commune de développer les municipalités d'arrondissement, la Commune a délibéré et n'a rien résolu.

« Plus tard, le Comité central de la Fédération est venu offrir presque impérieusement son concours à l'administration de la guerre. Consulté par le Comité de salut public, j'ai accepté ce concours de la manière la plus nette, et je me suis dessaisi, en faveur des membres de ce Comité, de tous les renseignements que j'avais sur l'organisation. Depuis ce temps-là, le Comité central délibère, et n'a pas encore su agir. Pendant ce délai, l'ennemi enveloppait le fort d'Issy d'attaques aventureuses et imprudentes dont je le punirais si j'avais la moindre force militaire disponible.

« La garnison, mal commandée, prenait peur, et les officiers délibéraient, chassaient du fort le capitaine Dumont, homme énergique qui arrivait pour les commander, et, tout en délibérant, évacuaient leur fort, après avoir sottement parlé de le faire sauter, chose plus impossible pour eux que de le défendre.

« Ce n'est pas assez. Hier, pendant que chacun devait être au travail ou au feu, les chefs de légions délibéraient pour substituer un nouveau système d'organisation à celui que j'avais adopté, afin de suppléer à l'imprévoyance de leur autorité toujours mobile et mal obéie. Il résulta de leur conciliabule un projet au moment où il fallait des hommes, et une déclaration de principes au moment où il fallait des actes.

« Mon indignation les ramena à d'autres pensées et ils ne me promirent pour aujourd'hui, comme le dernier terme de leurs efforts, qu'une force organisée de 12,000 hommes, avec lesquels je m'engage à marcher à l'ennemi. Ces hommes devaient être réunis à onze heures et demie : il est une heure, et ils ne sont pas prêts; au lieu d'être 12,000, ils sont environ 7,000. Ce n'est pas du tout la même chose.

« Ainsi, la nullité du Comité d'artillerie empêchait l'organisation de l'artillerie; les incertitudes du Comité central de la fédération arrêtent l'administration; les préoccupations mesquines des chefs de légions paralysent la mobilisation des troupes.

« Je ne suis pas homme à reculer devant la répression; et hier, pendant que les chefs de légions discutaient, le peloton d'exécution les attendait dans la cour. Mais je ne veux pas prendre seul l'initiative d'une mesure énergique, endosser seul l'odieux des exécutions qu'il faudrait faire pour tirer de ce chaos l'organisation, l'obéissance et la victoire. Encore, si j'étais protégé par la publicité de mes actes et de mon impuissance, je pourrais conserver mon mandat. Mais la Commune n'a pas eu le courage d'affronter la publicité. Deux fois déjà je vous ai donné des éclaircissements nécessaires, et deux fois, malgré moi, vous avez voulu avoir le Comité secret.

« Mon prédécesseur a eu le tort de se débattre au milieu de cette situation absurde. Eclairé par son exemple, sachant que la force d'un révolutionnaire ne consiste que dans la netteté de la situation, j'ai deux lignes à choisir : briser l'obstacle qui entrave mon action ou me retirer.

« Je ne briserai pas l'obstacle, car l'obstacle c'est vous et votre faiblesse : je ne veux pas attenter à la souveraineté publique.

« Je me retire, et j'ai l'honneur de vous demander une cellule à Mazas.

« Signé : ROSSEL. »

Ainsi donc, le citoyen Rossel n'accusait que les personnes et leur disait de dures vérités, depuis longtemps connues de chacun ; il ne s'en prenait pas aux circonstances. C'était pourtant sous le poids écrasant de ces circonstances qu'il succombait. Egaré par l'orgueil, il s'était cru de taille à les dominer ; la bonne opinion seule qu'il avait de lui-même avait pu lui faire croire qu'il triompherait, avec les éléments qu'il avait sous la main, de ceux qui se dressaient en face de lui. Quoi qu'il en soit, sans attendre l'effet de sa lettre sur les membres de la Commune, il croyait prudent de disparaître. Arrêté quelque temps après, on le déposait dans une salle de l'Hôtel de Ville, à la garde de son collègue Gérardin, avec lequel il ne tardait pas à prendre la fuite.

Sous l'impression de l'accablante nouvelle, la Commune s'était réunie. Delescluze avait relevé les courages chancelants et excité à la résistance, en montrant la France prête à courir au secours de Paris. A l'issue d'un comité secret, il était nommé délégué civil à la guerre, et prenait possession de ce poste en publiant la proclamation suivante :

« Nos remparts sont solides comme vos bras, comme vos cœurs ; vous n'ignorez pas d'ailleurs que vous combattez pour votre liberté et pour l'égalité sociale, cette promesse qui vous a si longtemps échappé, que, si vos poitrines sont exposées aux balles et aux obus des Versaillais, le prix qui vous est assuré, c'est l'affranchissement de la France et du monde, la sécurité de votre foyer et la vie de vos femmes et de vos enfants. Vous vaincrez donc ; le monde qui vous contemple et applaudit à vos magnanimes efforts s'apprête à célébrer votre triomphe, qui sera le salut pour tous les peuples. »

De son côté, le Comité de salut public, sans doute pour concourir au même but, se mettait en devoir de découvrir une conspiration monarchique. « Citoyens, disait-il dans ce style pompeux qui est l'apanage des révolutionnaires français, la Commune et la République viennent d'échapper à un péril mortel. La trahison s'était glissée dans nos rangs. Désespérant de vaincre Paris par les armes, la réaction avait tenté de désorganiser ses forces par la corruption. Son or, jeté à pleines mains, avait trouvé jusque parmi nous des consciences à acheter.

« L'abandon du fort d'Issy, annoncé dans une affiche impie par le misérable qui l'a livré, n'était que le premier acte du drame : une insurrection monarchique à l'intérieur, coïncidant avec la livraison d'une de nos portes, devait le suivre et nous plonger au fond de l'abîme.

« Mais, cette fois encore, la victoire reste au droit. Tous les fils de la trame ténébreuse dans laquelle la Révolution devait se trouver prise sont, à l'heure présente, entre nos mains. La plupart des coupables sont arrêtés. Si leur crime est effroyable, leur châtiment sera exemplaire. La cour martiale siége en permanence. Justice sera faite. . . . .

« Que tous les bras soient prêts à frapper impitoyablement les traîtres. Que toutes les forces vives de la Révolution se groupent pour l'effort suprême, et alors, alors seulement, le triomphe est assuré. »

Quelle était cette conspiration qui animait ainsi le Comité de salut public? Personne ne le sut; les journaux de la Commune eux-mêmes furent impuissants à l'établir. Aucun coupable ne fut arrêté. Evidemment, il s'agissait d'une de ces inventions renouvelées d'une autre époque et qui surgissent à point pour les besoins du moment. A tout prix on voulait exaspérer les passions d'une foule ignorante et abrutie.

C'est dans le même ordre d'idées qu'on renouvela de la première Révolution la violation des tombeaux. On s'était emparé, nous l'avons dit, des couvents et on les avait dépouillés de leur mobilier et de leur argenterie ; on avait fermé les églises, et les vases sacrés avaient été portés à la Monnaie et fondus pour payer les gardes nationaux. Mais dévaliser les églises et proscrire leurs desservants ne suffisait pas à ces Machiavels de carrefour : il fallait encore, dans une pensée d'excitation, couvrir d'opprobre les ministres du culte et les saintes femmes vouées à l'enseignement des enfants ou au soulagement des malades. Obéissant à un mot d'ordre, les journaux communeux annoncèrent donc tout à coup qu'on venait de découvrir dans les caveaux de l'église Saint-Laurent un grand nombre de squelettes de femmes : l'attitude de ces squelettes indiquait assez, disaient ces misérables publications, que ces malheureuses victimes avaient été assassinées après avoir servi à la débauche de prêtres indignes. Même découverte, à deux jours de là, fut faite dans l'église Notre-Dame-des-

Victoires ; puis, bien entendu, dans toutes les églises où, à des époques antérieures, on avait l'habitude d'inhumer. Les couvents, à leur tour, furent l'objet de perquisitions identiques, et nous nous rappelons avoir lu un journal, l'*Avant-Garde*, dans lequel un écrivain sans conscience n'avait pas honte d'affirmer qu'au couvent de Picpus, par exemple, le commissaire de police avait trouvés mêlés, à des instruments de torture, « les appareils de la plus effroyable lubricité. »

Et pour imprimer à ces absurdités calomnieuses un caractère en quelque sorte authentique, des affiches émanant de l'autorité furent placardées dans les lieux les plus en vue, qui rapportaient tous les détails de ces odieuses profanations, les constatations de soi-disant médecins, et en tiraient les conséquences. Auprès de chaque affiche se tenait généralement un fédéré chargé de développer à haute voix le thème convenu. Ce fut dans toute la ville une explosion de dégoût ; les femmes du peuple se montrèrent les plus scandalisées, et l'entreprise tourna à la confusion de ses auteurs. Mais ce fait à lui seul ne suffit-il pas pour donner la mesure de la moralité des membres de la Commune ?

Une tentative d'un autre genre ne réussit pas mieux, et donna naissance à mille plaisanteries contre ceux qui en avaient eu l'idée. Il s'agissait encore d'un de ces ridicules emprunts faits à la première Révolution ; nous voulons parler des *cartes d'identité*. Voici la pièce curieuse imaginée par le nouveau Comité de salut public :

« Le Comité de salut public,

« Considérant que, ne pouvant vaincre par la force la population de Paris, assiégée depuis plus de quarante jours pour avoir revendiqué ses franchises communales, le gouvernement de Versailles cherche à introduire parmi elle des agents secrets dont la mission est de faire appel à la trahison,

« Arrête :

« Art 1er. Tout citoyen devra être muni d'une carte d'identité contenant ses nom, prénoms, profession, âge et domicile, ses numéros de légion, de bataillon et de compagnie, ainsi que son signalement.

« Art. 2. Tout citoyen trouvé non porteur de sa carte sera arrêté et son arrestation maintenue jusqu'à ce qu'il ait établi régulièrement son identité.

« Art. 3. Cette carte sera délivrée par les soins des commissaires de police sur pièces justificatives, en présence de deux témoins qui attesteront par leur signature bien connaître le demandeur. Elle sera ensuite visée par la municipalité compétente.

« Art 4. Toute fraude reconnue sera rigoureusement réprimée.

« Art. 5. L'exhibition de la carte d'identité pourra être requise par tout garde national.

« Art. 6. Le délégué à la sûreté générale ainsi que les municipalités sont chargés de l'exécution du présent arrêté dans le plus bref délai.

« Hôtel de Ville, le 24 floréal an 79.

« *Le Comité de salut public*,

« ANT. ARNAUD, BILLIORAY, E. EUDES, E. GAMBON, G. RANVIER. »

L'arrêté était immédiatement exécutoire. Or, sans s'arrêter à toutes les impossibilités auxquelles le décret se serait heurté pour son exécution, à toutes ses conséquences plaisantes ou odieuses, on calcula que les moyens matériels à réunir pour la distribution des cartes exigeraient environ cinq ou six mois.

Dans cette fureur de plagiat révolutionnaire, on ne pouvait oublier l'institution des représentants du peuple auprès des armées. L'arrêté suivant y pourvut.

« Le Comité de salut public,

« Considérant que, pour sauvegarder les intérêts de la révolution, il est indispensable d'associer l'élément civil à l'élément militaire; que nos pères avaient parfaitement compris que cette mesure pouvait seule préserver le pays de la dictature militaire, laquelle tôt ou tard aboutit invariablement à l'établissement d'une dynastie ;

« Vu son arrêté instituant un délégué civil au département de la guerre,

« Arrête :

« Art. 1er. Des commissaires civils, représentants de la Commune, sont délégués auprès des généraux des trois armées de la Commune.

« Art. 2. Sont nommés commissaires civils : 1° auprès du général Dombrowski, le citoyen Dereure; 2° auprès du général La Cécilia, le citoyen Johannard; 3° auprès du général Wrobleski, le citoyen Léo Meillet.

« Hôtel de Ville, le 26 floréal an 79. »

On remarquera que les généraux commandant les trois armées de la Commune étaient tous trois des étrangers. La mission de ces délégués devait être de bien peu de durée. Ils sentaient bien, les hommes du 18 mars, que leur rôle était sur le point de finir, et, dans leur rage impuissante, ils projetaient d'entraîner dans leur ruine ce Paris qu'ils tenaient sous leur joug et qui les méprisait. Aussi ce ne fut pas sans appréhension qu'au milieu de la masse d'affiches que chaque jour voyait éclore, quelques personnes clairvoyantes signalaient celle-ci :

« Tous les dépositaires de pétrole ou autres huiles minérales devront, dans les quarante-huit heures, en faire la déclaration dans les bureaux de l'éclairage, situés place de l'Hôtel de Ville, 9. »

Le journal de M. Jules Vallès, le *Cri du peuple*, se chargeait de donner le commentaire de l'arrêté :

« On a pris, disait-il, toutes les mesures pour qu'il n'entre dans Paris aucun soldat ennemi. Les forts peuvent être pris l'un après l'autre. Les remparts peuvent tomber. Aucun soldat n'entrera dans Paris. Si M. Thiers est chimiste, il nous comprendra. Que l'armée de Versailles sache bien que Paris est décidé à tout plutôt que de se rendre. »

Le *Journal officiel* achevait d'éclairer les plus aveugles par cette note, qui parut en ce moment inintelligible :

« Les habitants de Paris sont invités de se rendre à leur domicile sous quarante-huit heures ; passé ce délai, leurs titres de rentes au Grand-Livre seront brûlés.

« *Pour le Comité central,*

« GRELIER. »

Étaient-ce des politiques, les gens qui signaient de pareils arrêtés ou qui les commentaient ? Étaient-ce des républicains ceux qui, pour atteindre un but quelconque, — et il est bien évident qu'ils ne savaient pas lequel, — n'hésitaient pas à concevoir les plus sinistres projets ? Il est impossible de ne pas l'admettre, Paris était aux mains d'une horde de brigands. La série de leurs derniers forfaits va s'ouvrir par l'explosion de la cartoucherie du Champ-de-Mars, dont, continuant leur système de mensonges effrontés, ils accuseront le gouvernement de Versailles.

Dans l'après-midi du 17, vers 5 heures et demie, une formidable détonation avait mis Paris en émoi : c'était la cartoucherie de l'avenue Rapp qui venait de prendre feu. Une immense colonne d'épaisse fumée s'était tout à coup élevée à une grande hauteur au-dessus de la ville, brisant tout autour d'elle, et lançant à un kilomètre de là une grêle de projectiles meurtriers ; plusieurs hommes et femmes, disait-on, un poste de gardes nationaux avaient disparu broyés dans la déflagration. La population tout entière, accourue de divers côtés, avait pu croire, au premier moment, que c'était là une de ces catastrophes comme il ne s'en produit que trop dans le voisinage des établissements où on manipule la poudre. La façon dont le Comité de salut public en parla dans son journal officiel fit concevoir des doutes que la suite des événements ne confirma malheureusement que trop.

« Le gouvernement de Versailles, avait l'impudence d'écrire le rédacteur anonyme, vient de se souiller d'un nouveau crime, le plus épouvantable et le plus lâche de tous. Ses agents ont mis le feu à la cartoucherie de l'avenue Rapp et provoqué une explosion effroyable. On évalue à plus de cent le nombre des victimes. Des femmes, un enfant à la mamelle ont été mis en lambeaux. Quatre des coupables sont entre les mains de la sûreté générale.

« Paris, le 27 floréal an 79.

« *Le Comité de salut public.* »

Telle était la version du Comité. Les informations recueillies après coup démontrèrent tout d'abord que le nombre des victimes était loin d'être aussi considérable qu'on l'annonçait; que « l'enfant à la mamelle, » déjà servi au public à propos du bombardement de Neuilly, était un lieu commun usé, et que personne n'avait été arrêté sous l'inculpation d'avoir fait sauté la cartoucherie. On acquit, en outre, la certitude que les ouvriers et ouvrières, au lieu de quitter les ateliers comme d'ordinaire, à six heures, en étaient sortis avant cinq heures. Pour quelle raison ce changement dans le régime de l'atelier? Les esprits réfléchis se le demandaient sans s'en rendre compte, car ils ne pouvaient supposer que l'idée fût venue à quelque scélérat de faire sauter partiellement Paris; et cependant le feu mis à la poudrière du Champ-de-Mars, on le reconnut plus tard, était le premier acte du drame sanglant qui devait se jouer sous nos yeux pendant huit jours.

Il s'agissait d'inspirer la terreur. Tous les actes, à partir de ce moment, sont marqués à ce coin. Ainsi, suivant un ordre émané de la 8e légion, « tous les citoyens de 19 à 40 ans faisant partie des 3e et 4e bataillons, qui n'auront pas rejoint *immédiatement* leur casernement à la caserne de la Pépinière, seront arrêtés et déférés à la cour martiale. (*La peine encourue est celle de mort.*) Trois bataillons étrangers à l'arrondissement sont mis à la disposition de la légion pour faire exécuter cet ordre. »

Par décret en date du 19, tous les journaux autres que ceux de la Commune sont supprimés. « Aucun nouveau journal ou écrit périodique ne pourra paraître avant la fin de la guerre. Tous les articles devront être signés par leurs auteurs. Les attaques contre la République et la Commune seront déférées à la cour martiale. Les imprimeurs contrevenants seront poursuivis comme complices, et leurs presses mises sous scellés. La sûreté générale est chargée de veiller à l'exécution du présent arrêté. »

A la séance de la Commune, le citoyen Urbain, ancien maître d'école, et qui, par parenthèse, n'était pas parfaitement placé pour faire des éducations puisqu'il vivait publiquement en concubinage avec une femme mariée et qu'il fut convaincu plus tard d'avoir volé la caisse municipale, le citoyen Urbain, disons-nous, prend la parole. Il venait d'apprendre qu'un parlementaire de la garde nationale, ainsi qu'une ambulancière, avaient été tués traîtreusement par la troupe de Versailles, qu'en outre cette dernière, au témoignage d'officiers bien placés, avait subi les derniers outrages. Pour venger de telles atrocités, son indignation en lui suggère qu'un moyen, les représailles, et il propose d'exécuter sur l'heure un certain nombre d'otages : cinq devaient être mis à mort dans la prison même, et cinq aux avant-postes. Cette motion atroce, développée avec la plus révoltante insensibilité, ne trouve pas de contradicteur et est prise en considération. Nous verrons plus tard la suite qui lui fut donnée.

Le même jour, le jury d'accusation pour les otages commence à fonctionner. Il juge un certain nombre de gardes de Paris et de sergents de ville, accusés d'avoir fait usage de leurs armes contre le peuple. La plupart sont déclarés otages.

Enfin, le 21, un communiqué, le dernier, contient la menace suivante.

« Le Comité de salut public, en présence des tentatives de corruption qui lui sont signalées de toutes parts, rappelle que tout individu prévenu d'avoir offert ou accepté de l'argent pour faits d'embauchage se rend coupable du crime de haute trahison et sera déféré à la cour martiale.

« Paris, 1er prairial an 79. »

Si toutes ces mesures comminatoires étaient de nature à produire quelque impression à l'intérieur de la ville, elles n'avaient pas la même vertu au dehors. Malgré les succès annoncés chaque jour dans les rapports militaires, la situation des insurgés devenait d'heure en heure plus critique. Le Comité de salut public avait beau faire appel aux ouvriers et leur promettre un salaire élevé pour hâter les travaux de défense et de barricades, il avait beau promener sur les boulevards, au son d'une musique funèbre, et ornés de quatre drapeaux rouges, ces corbillards qui conduisaient au cimetière les malheureux tombés dans le combat, le nombre de ses adhérents diminuait sensiblement. Les bataillons de fédérés étaient refoulés jusque dans l'enceinte, et le fort de Vanves, suivant la fortune du fort d'Issy, avait été occupé par les troupes de Versailles. Cette sublime énergie à laquelle les révolutionnaires faisaient appel, et qui aurait pu enfanter des prodiges, manquait totalement; la foi faisait défaut.

Le moment était donc arrivé où les membres de la Commune allaient avoir à rendre compte à la justice du pays de tout le mal qu'ils lui avaient fait.

Place du Châtelet avant l'incendie du Théâtre-Lyrique.

TROISIÈME PARTIE.

LE CHATIMENT.

Il y avait deux mois quatre jours que durait le mouvement insurrectionnel de Paris, et cinquante-trois jours que l'armée de l'Assemblée, l'armée française, — il faut le dire bien haut, — avait commencé le siége. Elle avait procédé lentement, patiemment, sans coups d'éclat, mais sans rien donner au hasard, poursuivant l'exécution du plan adopté par le gouvernement et les généraux, sous la direction supérieure du maréchal Mac-Mahon. Son effectif, formé sous l'inspiration de M. Thiers, par les soins du général Valazé, sous-secrétaire d'Etat au ministère de la guerre, venait d'être porté au chiffre de cent cinquante mille hommes. Admirablement équipée, amplement pourvue d'une artillerie puissante, commandée par des chefs que les éclatants désastres de 1870 avaient révélés comme des hommes d'énergie, supérieurs à la mauvaise fortune, l'armée était à la hauteur des tâches les plus périlleuses. Fortifiée, retrempée dans les malheurs mêmes de la patrie, elle brûlait du désir de prouver à la France qu'elle ne pactisait pas avec l'insurrection. Si, au début, elle avait montré quelque hésitation, la mort du médecin en chef Pasquier, lâchement assassiné au pont de Neuilly alors qu'il allait porter aux fédérés des paroles de conciliation, avait affermi sa résolution de vaincre cette criminelle insurrection.

Cette armée était divisée en cinq corps, que commandaient les généraux de Ladmirault, de Cissey, du Barrail, Douay et Clinchant. La réserve était sous les ordres du général Vinoy.

Les intelligences du gouvernement dans le sein de la Commune étaient nombreuses, faciles. Plusieurs officiers de la garde nationale, dévoués à la cause de l'ordre, étaient restés, avec l'assentiment de M. Thiers, parmi les insurgés, pour les épier et, au besoin, les diriger. Des agents secrets rapportaient quotidiennement à Versailles des récits qui permettaient de suivre pas à pas les chefs fédérés. On avait encore des indices certains par les prisonniers ; il en arrivait presque chaque jour de nombreux convois à Versailles : grâce à une bonne parole, on obtenait d'eux des aveux précieux. Des renseignements étaient dus encore aux estafettes de l'Hôtel de Ville : il n'était pas rare, en effet, de voir ces cavaliers venir se livrer, eux et leurs dépêches, aux avant-postes, ne demandant, pour prix du service qu'ils rendaient, que la liberté sauve.

On connaissait donc à Versailles l'état désespéré des affaires de la Commune et tout était disposé pour l'assaut, qui, disait-on, devait être donné le 23. Les batteries de brèche étaient en position dans le bois de Boulogne et à la porte de Vanves, et déjà elles avaient commencé leur œuvre de démolition.

Le 21 mai, à trois heures de l'après-midi, au moment où le feu de ces batteries était dirigé avec la plus grande énergie sur la partie de l'enceinte de Paris voisine de la porte de Saint-Cloud, un homme apparut tout à coup près de cette porte, au bastion 64, agitant un mouchoir blanc en guise de drapeau parlementaire.

« Ce signal, dit un rapport officiel, est aperçu de nos avant-postes, heureusement très-rapprochés ; on se demande toutefois si l'on n'a pas encore à redouter une de ces trahisons dont on avait déjà eu plusieurs fois à souffrir. Mais bientôt le commandant des troupes établies sur ce point, le capitaine de frégate

Trève, après avoir défendu à ses soldats de le suivre, se précipite seul en avant, et reconnaît immédiatement qu'il est en présence d'un homme qui s'est dévoué pour le pays. Cet homme était M. Jules Ducatel, simple piqueur au service municipal de la ville de Paris, demeurant près du Point-du-Jour, qui avait déjà fait, dans le même but, plusieurs reconnaissances périlleuses, et qui, après avoir constaté que les insurgés avaient été délogés par le feu de notre artillerie de cette partie du rempart, venait, au péril de ses jours, en avertir nos troupes et les mettre à même de pénétrer dans la ville, sans avoir à faire brèche et à donner l'assaut.

« A l'aide de ces précieuses indications, l'armée entrait dans Paris et prenait possession, sans résistance, de la porte de Saint-Cloud et des deux bastions voisins.

« Averti par le télégraphe, le général Douay put accourir, s'emparer de l'espace compris entre les fortifications et le viaduc, et faire ouvrir la porte d'Auteuil après un combat assez vif.

« Ducatel fit ensuite part au général Douay de la possibilité qu'il y aurait d'aller jusqu'au Trocadéro; il servit de guide au colonel Piquemal, chef d'état-major de la division Verger. On arriva ainsi devant la barricade qui barrait le quai de Grenelle. Ducatel se montra seul en avant, malgré les coups de fusil qui étaient échangés, entraîna, en parlementant, la fuite des insurgés, et donna ainsi à la colonne le moyen de franchir la barricade et d'enlever le Trocadéro. »

Le lundi 22, dès les premières heures du matin, le bruit se répandait que l'armée française avait pénétré dans Paris. Cette nouvelle ne surprit personne, on la prévoyait depuis quelques jours, et, malgré l'annonce, dans le journal le *Salut public* d'une grande victoire remportée par Dombrowski dans le bois de Boulogne, chaque nuit on attendait la délivrance. La Commune, elle, n'y comptait que pour quelques jours plus tard. L'assaut, en effet, au dire des nouvellistes, n'était fixé que pour le mardi 23.

Une immense rumeur ne tarda pas à agiter tous les quartiers non envahis ; partout on battait la générale : pour donner une idée de l'état des esprits à ce moment et constater le peu de sérieux des hommes à la veille d'aussi terribles événements, l'auteur de ce récit rappellera qu'il a vu de ses propres yeux, au carrefour de l'Odéon, un tambour de la garde nationale qui, un bouquet à la boutonnière, appelait aux armes, en modulant avec prétention sur son instrument. Le tocsin faisait aussi entendre ses lugubres tintements ; des escouades de fédérés, dirigées sur des points désignés à l'avance, dépavaient les rues et construisaient des barricades qu'on armait ensuite de canons ou de mitrailleuses; hommes, femmes, enfants, chaque passant était obligé, s'il voulait traverser, de mettre un pavé à la barricade : sans doute il s'agissait de rendre effective la complicité de chaque habitant. En même temps des officiers de l'état-major de la Commune se promenaient par les rues désertées et criaient aux habitants de tenir leurs fenêtres fermées, sous peine d'être passés par les armes. La crise suprême approchait, la bataille des rues allait s'engager, sans incertitude possible quant à l'issue, mais avec toutes les angoisses imaginables pour les habitants désarmés.

Le nouveau délégué à la guerre Delescluze lançait, le 21 au matin, la proclamation suivante appelant le peuple aux armes, et signalant avec amertume l'abus qui avait été fait jusque-là des grades et des insignes :

« Citoyens, assez de militarisme ; plus d'états-majors galonnés et dorés sur toutes les coutures ! Place au peuple, aux combattants, aux bras nus ! L'heure de la guerre révolutionnaire a sonné.

« Le peuple ne connaît rien aux manœuvres savantes, mais quand il a un fusil à la main, du pavé sous les pieds, il ne craint pas tous les stratégistes de l'école monarchiste.

« Aux armes! Citoyens, aux armes! Il s'agit, vous le savez, de vaincre ou de tomber dans les mains impitoyables des réactionnaires et des cléricaux de Versailles, de ces misérables qui ont, de parti pris, livré la France aux Prussiens, et qui nous ont fait payer la rançon de leur trahison!

« Si vous voulez que le sang généreux qui a coulé comme de l'eau depuis six semaines ne soit pas infécond, si vous voulez vivre libres dans la France libre et égalitaire, si vous voulez épargner à vos enfants et vos douleurs et vos misères, vous vous lèverez comme un seul homme, et, devant votre formidable résistance, l'ennemi, qui se flatte de vous remettre au joug, en sera pour la honte de ces crimes inutiles dont il s'est souillé depuis dix mois.

« Citoyens, vos mandataires combattront et mourront avec vous, s'il le faut; mais, au nom de cette glorieuse France, mère de toutes les révolutions populaires, foyer permanent des idées de justice et de soldarité qui doivent être et qui seront les lois du monde, marchez à l'ennemi, et que votre énergie révolutionnaire lui montre qu'on peut vendre Paris, mais qu'on ne peut ni le livrer ni le vaincre.

« La Commune compte sur vous, comptez sur la Commune. »

Malheureux peuple, c'est toujours avec les mêmes

mots sonores qu'on t'abuse! La défense intérieure, d'ailleurs, n'était nullement préparée ; sauf celles qui couvraient les abords de la place Vendôme et de Montmartre, les barricades, à l'occasion desquelles on avait rendu tant de décrets, n'existaient que de nom ; le fameux Gaillard père, cordonnier et professeur de barricades, avait fait plus de bruit que de besogne. Encore celles-ci n'étaient-elles pas achevées ou pas armées de canons le 21. La nouvelle de l'entrée des troupes jeta donc la stupeur et le désarroi parmi les fédérés qui avaient jusque-là accepté les mensongères assurances de la Commune. Beaucoup de ceux qu'on avait incorporés de force ou que la misère avait contraints profitèrent de ce moment de trouble pour disparaître des rangs. Le reste se mit à élever des défenses sur tous les points de la ville.

« Dans leurs rangs, dit M. Jezierski, on remarque bon nombre de femmes, fusil au dos, et vêtues comme les camarades ; même il passe sur les boulevards un bataillon exclusivement féminin ; les malheureuses gesticulent, crient la *Marseillaise* ; c'est un spectacle bizarre et odieux. Les femmes (j'entends un certain nombre de femmes), pendant ces huit jours, ont joué un triste rôle ; plus ignorantes que l'ouvrier, plus faciles à égarer, et, par leur tempérament nerveux, plus disposées à l'exaltation, elles ont été parfois plus acharnées à la lutte que les hommes ; elles les ont même dépassés dans tous genres d'énergie, et surtout en audace féline, sournoise et traîtresse. »

Dans le premier moment, la Commune n'avait pas voulu croire à l'entrée des troupes. Son délégué à la guerre, pour dissimuler jusqu'au bout la vérité, avait fait afficher le placard suivant :

« L'observatoire de l'Arc de Triomphe nie l'entrée des Versaillais, du moins il n'y voit rien qui y ressemble. Le commandant Renard, de la section, vient de quitter mon cabinet et affirme qu'il n'y a eu qu'une panique, et que la porte d'Auteuil n'a pas été forcée ; que si quelques Versaillais se sont présentés, ils ont été repoussés. J'ai envoyé chercher onze bataillons de renfort, par autant d'officiers d'état-major, qui ne doivent les quitter qu'après les avoir conduits au poste qu'ils doivent occuper.

« DELESCLUZE. »

Mais, devant l'évidence, il fallut renoncer à cette persistance de mensonge, et le 23, dès le matin, l'ordre suivant du Comité central fut répandu à profusion :

« Que tous les bons citoyens se lèvent ; aux barricades ! l'ennemi est dans nos murs. Pas d'hésitation !

En avant pour la République, pour la Commune et pour la liberté! Aux armes!

« Paris, le 22 mai 1871.

« *Le Comité de salut public.* »

Une proclamation du même Comité était à la même heure placardée dans tout Paris et était ainsi conçue :

« Citoyens,

« La porte de Saint-Cloud, assiégée de quatre côtés à la fois par les feux du mont Valérien, de la butte Mortemart, des Moulineaux et du fort d'Issy, que la trahison a livré; la porte de Saint-Cloud a été forcée par les Versaillais, qui se sont répandus sur une partie du territoire parisien.

« Ce revers, loin de nous abattre, doit être un stimulant énergique. Le peuple qui détrône les rois, qui détruit les bastilles; le peuple de 89 et de 93, le peuple de la Révolution, ne peut perdre en un jour le fruit de l'émancipation du 18 mars.

« Parisiens, la lutte engagée ne saurait être désertée par personne; car c'est la lutte de l'avenir contre le passé, de la liberté contre le despotisme, de l'égalité contre le monopole, de la fraternité contre la servitude, de la solidarité des peuples contre l'égoïsme des oppresseurs.

« Aux armes!

« Donc, aux armes! Que Paris se hérisse de barricades, et que, derrière ces remparts improvisés, il jette encore à ses ennemis son cri de guerre, cri d'orgueil, cri de défi, mais aussi cri de victoire; car Paris, avec ses barricades, est inexpugnable.

« Que les rues soient toutes dépavées : d'abord, parce que les projectiles ennemis, tombant sur la terre, sont moins dangereux ; ensuite, parce que ces pavés, nouveaux moyens de défense, devront être accumulés, de distance en distance, sur les balcons des étages supérieurs des maisons.

« Que le Paris révolutionnaire, le Paris des grands jours, fasse son devoir ; la Commune et le Comité de salut public feront le leur.

« Hôtel de Ville, le 2 prairial an 79.

« *Le Comité de salut public.* »

Ce n'était pas tout : en même temps qu'on excitait l'ardeur des sectaires, on cherchait à renouveler la tentative qui avait si bien réussi au 18 mars et à débaucher les soldats. C'est le Comité central qui, cette fois encore, se charge de ce soin :

« Soldats de l'armée de Versailles, disait-il, nous sommes des pères de famille ; nous combattons pour empêcher nos enfants d'être un jour, comme vous, sous le despotisme militaire.

« Vous serez un jour pères de famille. Si vous tirez sur le peuple aujourd'hui, vos fils vous maudiront comme nous maudissons les soldats qui ont déchiré les entrailles du peuple en juin 1848 et en décembre 1851.

« Il y a deux mois, au 18 mars, vos frères de l'armée de Paris, le cœur ulcéré contre les lâches qui ont vendu la France, ont fraternisé avec le peuple ; imitez-les !

« Soldats, nos enfants et nos frères, écoutez bien ceci, et que votre conscience décide : Lorsque la consigne est infâme, la désobéissance est un devoir !

« 3 prairial an 79. »

L'armée était aussi le point de mire du Comité de salut public :

« Soldats de l'armée de Versailles, disait-il dans une suprême invocation, le peuple de Paris ne croira jamais que vous puissiez diriger contre lui vos armes quand sa poitrine touchera les vôtres ; vos mains recuIeraient devant un acte qui serait un véritable fratricide.

« Comme nous, vous êtes prolétaires ; comme nous, vous avez intérêt à ne pas laisser aux monarchistes conjurés le droit de boire votre sang comme ils boivent nos sueurs.

PASCHAL GROUSSET.

« Ce que vous avez fait au 18 mars, vous le ferez encore, et le peuple n'aura pas la douleur de combattre des hommes qu'il regarde comme des frères et qu'il voudrait voir s'asseoir avec lui au banquet civique de la liberté et de l'égalité.

« Venez à nous, frères, venez à nous; nos bras vous sont ouverts! »

Dieu merci! cet appel, qui resta aussi stérile que le précédent, et qui ne fut même connu de ceux auxquels il s'adressait qu'alors que la lutte avait pris fin, cet appel, disons-nous, est le dernier de ce style emphatique que nous entendrons. Le temps des phrases creuses et ronflantes est passé, et la parole appartient au canon.

Le plan d'attaque de l'armée de Versailles, inspiré, dit-on, par M. Thiers, est exposé ainsi dans l'*Opinion nationale* :

« La Seine décrit dans Paris un arc de cercle; sur chaque versant s'étend la ville en forme de circonférence. Mais la rive gauche est bien moins étendue que la rive droite; de plus, le versant de la rive gauche est d'une altitude également inférieure : il ne présente que deux points culminants, le Panthéon et la Butte aux Cailles, vers le boulevard d'Italie, sur la Bièvre. Le versant de la rive droite forme un vaste éventail, dont le prolongement extrême se développe à partir d'Auteuil, par le Trocadéro, par le rond-point de l'Étoile (58 mètres), par la hauteur de Monceaux (43 mètres), par la crête de Montmartre (128 mètres), par les buttes Chaumont (101 mètres), et par le cimetière du Père-Lachaise (96 mètres). Le versant droit est donc à peu près du double supérieur, en hauteur et en périmètre, au versant gauche.

« Par les circonstances générales de l'insurrection, elle se trouvait concentrée, dans sa plus grande puissance de nombre et d'énergie, sur les hauteurs de la rive droite. Le quartier Saint-Marceau et celui de Montrouge avaient assurément encore un renom révolutionnaire; mais l'acropole de la Commune était certainement à Montmartre, appuyé sur ses puissants contreforts du Temple, de Belleville et de Charonne.

« Aussi, à première vue, les manœuvres d'attaque devaient suivre parallèlement les crêtes de chaque côté de la Seine; mais l'attaque de gauche, se heurtant à des obstacles moins ardus et ayant à parcourir un périmètre moins long, devait marcher plus vite, de façon à traverser la Seine et à coopérer à l'attaque de droite contre le nœud même de la résistance.

« Quant au centre, rencontrant de front les barricades, il lui fallait, de son côté, mesurer sa marche sur les progrès latéraux des ailes, qui, cheminant en avance des corps intermédiaires, coupaient, isolaient et prenaient à revers tout le massif des barricades.

« Ainsi, toutes les opérations se soutenaient, poussant l'insurrection devant leur concours combiné, et convergeant dans un commun et dernier effort contre le dernier foyer de la résistance. »

La porte de Saint-Cloud étant ouverte, comme nous l'avons dit, des régiments d'infanterie, de cavalerie, plusieurs batteries d'artillerie, entrèrent dans Paris, traversant les rues d'Auteuil, dont l'aspect était navrant. De maisons à cinq étages, il restait à peine un pan de mur; la gare du chemin de fer n'était plus qu'un amas de décombres; le pont en tôle du viaduc pendait renversé au-dessus des piliers en fonte qui le soutenaient. La formidable batterie de Montretout avait tout démoli.

Les troupes s'avançaient avec précaution parmi ces ruines, dans la crainte d'éboulements, elles faisaient le coup de feu tout en gagnant du terrain et refoulaient devant elles les insurgés. Un grand nombre de ces derniers payèrent de leur vie leur folle résistance en cet endroit ; douze heures après le combat, leurs cadavres étaient encore étendus à la place où ils étaient tombés. Ces hommes appartenaient presque tous au corps des *Volontaires* ou des *Vengeurs de Flourens*.

A dix heures du soir, sur la ligne des quais, dans les rues d'Auteuil, jusqu'aux abords de Passy, l'armée, retranchée derrière des barricades improvisées, attendait, l'arme au pied, l'ordre de marcher en avant.

A minuit, le mouvement fut repris sur toute la ligne. A deux heures du matin, le général Douay occupait le Trocadéro. Vers quatre heures, ses soldats, après un court engagement, enlevaient le château de la Muette, où ils faisaient six cents prisonniers, et, longeant la route stratégique intérieure, s'avançaient dans la direction de la porte Maillot pour donner la main au général Clinchant. Celui-ci, de son côté, avait forcé la porte et commencé le mouvement qui, par le faubourg Saint-Honoré, le boulevard Malesherbes, l'église Saint-Augustin et la gare Saint-Lazare, devait l'amener dans le milieu de la journée jusqu'au nouvel Opéra, en prenant à revers les formidables défenses qui couvraient les approches de l'Arc de Triomphe. Dès l'aube, le drapeau tricolore flottait sur l'imposant monument. Ces résultats importants étaient le premier fruit du système qui allait être appliqué dans ces funestes journées, et qui consistait à n'attaquer de front aucune des barricades élevées par les insurgés, mais à les tourner par les côtés.

Pendant que ces mouvements s'opéraient heureusement sur la rive droite de la Seine, la division Susbielle, du corps du général de Cissey, entrait par la porte de Vanves, et appuyait à droite pour aller ouvrir les portes d'Issy et de Vaugirard aux divisions Lacretelle et Levassor-Sauval, appartenant au même corps.

Après avoir forcé l'enceinte, toutes ces troupes se formaient en colonne et marchaient sur l'Ecole militaire, qu'elles enlevaient presque sans coup férir. Tandis qu'elles se fortifiaient au Champ-de-Mars, à l'esplanade des Invalides, à la gare Montparnasse, la division Bruat, appartenant au corps de réserve, s'emparait du Ministère des affaires étrangères et du Corps législatif. Arrivée à ce point, elle devait attendre que l'armée de la rive droite eût mené à bonne fin ses diverses entreprises. Lorsque nos soldats se furent emparés du Palais-Bourbon, ils en visitèrent minutieusement les diverses localités; dans presque toutes les salles ils trouvèrent le couvert mis; sur une table, entre autres, un plat d'asperges était encore intact, qui, pour la singularité du fait, fut en quelque sorte exposé pendant vingt-quatre heures : c'est là que s'était installé l'état-major du fameux Bergeret.

Pendant ce temps, que faisait la Commune? On raconte qu'à ce moment plusieurs des personnages les plus compromis songèrent à fuir, que les uns réussirent à quitter Paris, et que les autres ne se jetèrent en désespérés dans la lutte suprême qu'après avoir tenté vainement de traverser les lignes prussiennes. Quoi qu'il en soit, la Commune était réunie dès le matin à l'Hôtel de Ville. Comprenant la nécessité de mettre à la disposition du Comité de salut public des chefs habiles, elle avait jeté les yeux sur le général Cluseret. Cluseret, un mois avant, on se le rappelle, avait été arrêté. Les griefs qui avaient motivé son arrestation commençaient à s'oublier. On en était venu à désirer de le trouver innocent afin de lui confier le commandement.

Mandé à la barre, il démontra sans peine, devant des juges disposés à l'acquitter : 1° que le fort d'Issy n'était pas tombé aux mains de Versailles par suite de négligence qu'on pût lui imputer; 2° qu'il n'avait pas entretenu de correspondance avec les Prussiens relativement à la mise en liberté de l'archevêque de Paris, pas plus qu'avec les princes d'Orléans par l'intermédiaire de Ledru-Rollin. Au sortir de cette séance, il était chargé de la défense de Montmartre, en même temps que Dombrowski et la Cécilia étaient préposés à la défense de Belleville et de la Villette : ces trois points devaient constituer le camp retranché de l'insurrection. Le dernier numéro du *Journal officiel* de la Commune, publié le 23 mai, constate en effet la présence de Cluseret et de son aide de camp Vermesch, dit le *Père Duchesne*, à la barricade de la barrière Blanche, et, dans la soirée du 21 mai, Delescluze lui adressait l'ordre suivant, qui peut se passer de commentaire :

« J'apprends que les ordres donnés pour la construction des barricades sont contradictoires. Veillez à ce que ce fait ne se reproduise plus.

« Faites sauter et incendier les maisons qui gênent votre système de défense. Les barricades ne doivent pas être attaquables par les maisons.

« Les défenseurs de la Commune ne doivent manquer de rien : donnez aux nécessiteux les effets que contiendront les maisons à démolir. Faites d'ailleurs toutes les réquisitions nécessaires. »

A la suite du conseil de guerre que nous venons de rappeler, la Commune se sépara. Ses membres devaient se rendre chacun dans leur arrondissement respectif afin d'y organiser la défense, et, en cas de défaite, se rallier à la mairie de Belleville. Delescluze et le Comité de salut public restèrent à l'Hôtel de Ville jusqu'au 23 au soir.

Le palais municipal était barricadé, crénelé, gardé comme une forteresse. Les plus farouches partisans de la Commune s'y trouvaient réunis :

officiers, soldats, allaient, venaient affairés. Dans les couloirs, dans les cours, on mangeait, on buvait surtout, on chantait à gorge déployée. Sur la paille dormaient étendus des hommes excédés de fatigue ou de débauche, et auprès causaient bruyamment les femmes qu'on peut rencontrer dans de pareils endroits. Les estafettes se croisaient à tout instant; c'étaient des vivres, des armes, des ordres qu'on venait demander ou qu'il fallait expédier. Libre était l'accès. Chacun pouvait sans peine parvenir jusqu'à la salle où, au milieu de ce tohu-bohu, délibérait le Comité de salut public. Un témoin oculaire affirme que, si les membres de la Commune, à ce moment, avaient pu se soustraire aux exigences de la situation, ils eussent abandonné la partie et essayé de capituler. Ce qui les retenait au poste, c'était la volonté de leurs courtisans et de leurs soldats, et la pensée qu'ils n'avaient à espérer aucune indulgence du gouvernement contre lequel ils s'étaient insurgés.

Cependant les mouvements militaires se continuaient. Nous étions au mardi matin; une dépêche de M. Thiers aux départements, en date de ce jour, porte ce qui suit :

« Il y a quatre-vingt dix-mille hommes dans Paris. Le général de Cissey est établi à la gare Montparnasse, à l'École militaire et achève de border la rive gauche de la Seine jusqu'aux Tuileries. Les généraux Douay et Vinoy enveloppent les Tuileries, le Louvre, la place Vendôme pour se diriger ensuite sur l'Hôtel de Ville. Le général Clinchant, maître de l'Opéra, de la gare Saint-Lazare et des Batignolles, vient d'enlever la barricade de Clichy. Il est ainsi au pied de Montmartre que le général Ladmirault vient de tourner avec deux divisions. Le général Montaudon, suivant par le dehors le mouvement du général Ladmirault, a pris Neuilly, Levallois-Perret, Clichy, et attaqué Saint-Ouen. Il a pris cinq cents bouches à feu et une foule de prisonniers. »

Le chiffre des prisonniers faits depuis la veille était d'environ six mille; le fort de Montrouge enfin était abandonné.

En dépit de ces premiers succès, la situation ne laissait pas que d'être encore périlleuse. De Clichy, de Montmartre, de Saint-Ouen, des buttes Chaumont, les fédérés tiraient à toute volée sur la partie de la ville conquise par l'armée : les obus arrivaient au Trocadéro, à l'Arc de Triomphe, aux Ternes, à la Madeleine et dans le faubourg Montmartre; partout la population terrifiée accusait de lenteur la marche des troupes et redoutait pour ses maisons le sort de Neuilly et d'Auteuil. Ces craintes ne paraîtront pas chimériques en lisant l'ordre suivant du général communeux E. Eudes.

« Tire sur la Bourse, la Banque, les Postes, la place des Victoires, la place Vendôme, le jardin des Tuileries, la caserne Babylone. Nous laissons l'Hôtel de Ville sous le commandement de Pindy, et la Guerre et le Comité de salut public, ainsi que les membres de la Commune présents, se transportent à la mairie du XIe arrondissement, où nous nous établissons. C'est là désormais que nous allons organiser la défense des quartiers populeux. Nous t'enverrons de l'artillerie et des munitions du parc Basfroi. Nous tiendrons jusqu'au bout et quand même. »

Les insurgés avaient encore devant les Tuileries, au bord du fossé qui sépare le jardin réservé du jardin public, une batterie qui enfilait l'avenue des Champs-Elysées et, avec celle de la barricade de la rue de Rivoli, rendait cette avenue intenable. Les Versaillais, placés les uns devant l'Arc de Triomphe, les autres sur la terrasse du Corps législatif, s'efforçaient avec leurs canons de faire taire ceux de la Commune, en même temps qu'embusqués derrière le Palais de l'Industrie et dans les maisons de l'avenue Montaigne, ou couchés dans les massifs et les pelouses des Champs-Elysées, des fantassins démontaient à coups de fusil les artilleurs fédérés.

Sur ce point, d'ailleurs, la lutte fut plus longue que meurtrière ; les hommes eurent à en souffrir moins que les monuments publics : les statues de la place de la Concorde, ainsi que ses fontaines jaillissantes, furent gravement endommagées par les projectiles ; le ministère des affaires étrangères eut sa colonnade presque détruite ; les plantations des quais étaient hachées ; seul l'Obélisque ne reçut aucune atteinte.

C'est vers sept heures du soir seulement que fut prise la barricade de la rue de Rivoli à la hauteur de la rue Saint-Florentin. Cette formidable barricade, construite dans toutes les règles de l'art, maçonnée, gazonnée, célébrée à satiété dans les journaux communeux, était défendue avec acharnement. Afin de ménager le sang des soldats, un mouvement tournant fut ordonné par la rue Boissy-d'Anglas et les jardins des hôtels du faubourg Saint-Honoré. En même temps un corps de troupe descendait par le boulevard Haussmann, le boulevard Malesherbes et la rue Tronchet, afin de prendre la barricade à revers. Arrêté deux fois dans sa marche, à l'église Saint-Augustin d'abord, autour de laquelle les insurgés s'étaient retranchés, ensuite rue Tronchet, ce corps avait dû faire le siége de quelques maisons et en chasser les insurgés. Du côté de la rue Boissy-d'Anglas le combat avait aussi été fort vif. Nonobstant, le mouvement tournant réussit, et les insurgés, pris à dos, durent s'enfuir du côté de l'église de la Madeleine où ils se retranchèrent. Mais les marins et les soldats en forcèrent bientôt les portes à peine barricadées et pénétrèrent dans l'édifice. Le combat y fut acharné. Irrités des désastres accumulés sous leurs yeux et de la mort d'un certain nombre des leurs, les soldats ne firent guère de quartier.

Le soir venu, on était, dans cette circonscription, maître du terrain, et comme, en outre, on avait enlevé la mairie du IXe arrondissement, la Banque et l'église de la Trinité, toute une fraction de l'insurrection allait se trouver resserrée entre la rue de Rivoli, la Seine, la place de la Concorde, et repoussée vers l'Hôtel de Ville.

A la Trinité, le combat avait été extrêmement violent. Là, comme à la Madeleine et à Saint-Augustin, les insurgés s'étaient enfermés dans l'église, excités à la résistance par un délégué de la Commune; de toutes les ouvertures ils dirigeaient sur les troupes un feu meurtrier. Pour les déloger, une pièce de canon fut braquée sur les portes et avec quelques coups elles furent enfoncées. Malheureusement la façade de cette coquette construction fut atteinte par des éclats d'obus, qui brisèrent plusieurs détails d'architecture.

Au nouvel Opéra, rue Auber, grâce à l'audace de l'officier qui commandait le détachement d'attaque, on eut facilement raison des insurgés. En entrant dans l'édifice, cet officier avait déclaré que ceux des fédérés qui ne se rendraient pas sur-le-champ seraient fusillés sans merci ; on lui avait répondu par des injures, et le chef de la bande l'avait menacé de son revolver. Sans se déconcerter, l'officier leva aussitôt le sien, visa l'insurgé, l'étendit mort à ses pieds, puis renouvela la sommation, à laquelle personne ne songea plus à résister.

Mais la prise des buttes Montmartre constitue la grande opération de la journée du 23 mai.

« Les hauteurs de Montmartre, dit le rapport officiel sur les opérations de l'armée de Paris, ayant la plus grande partie de leurs barricades et de leurs batteries dirigées au sud vers l'intérieur de Paris, le plan d'attaque consiste à tourner les défenses et à les enlever en cherchant à s'élever sur ces hauteurs par les côtés opposés. Le général Ladmirault doit attaquer par le nord et l'est, le général Clinchant par l'ouest.

« Les troupes d'attaque se mettent en mouvement à quatre heures du matin. La division Grenier, longeant les fortifications, débusque l'ennemi des bastions et enlève avec le plus grand entrain tous les obstacles. Arrivée à la hauteur de la rue Marcadet, la brigade Abbatucci poursuit sa marche sur les boulevards Bessières et Ney, enlève les barricades de la porte Clignancourt, le pont du chemin de fer du Nord, et atteint la gare des marchandises, où elle tourne à droite pour s'élever sur les buttes par les rues des Poissonniers et de Labat. Elle atteint la rue Marcadet et se trouve arrêtée dans un quartier hérissé de barricades entre le chemin de fer et le boulevard Ornano. La brigade Pradier, qui a suivi la rue Marcadet, avance lentement sous le feu plongeant des buttes et du cimetière Montmartre, où elle ne pénètre qu'après les plus grands efforts.

« La division Laveaucoupet se prolonge le long des fortifications et atteint les rues des Saules et du Mont-Cenis, par lesquelles elle doit aborder les hauteurs de Montmartre.

« De son côté, le cinquième corps (Clinchant), suivant le boulevard des Batignolles et les rues parallèles, s'empare de la mairie du XVIIe arrondissement, de la grande barricade de la place Clichy, et, longeant le pied sud des buttes, franchit tous les obstacles et pénètre dans le cimetière par le sud, en même temps que les têtes de colonne du premier corps y entrent par le nord.

« A ce moment, les hauteurs de Montmartre se

trouvent entourées au nord et à l'ouest par les troupes du premier et du cinquième corps. Une attaque générale a lieu par toutes les rues qui, de ces deux côtés, gravissent les pentes.

« Le corps Clinchant, s'élevant par la rue Lepic, s'empare de la mairie du XVIIIe arrondissement. La brigade Pradier, du premier corps, à la tête de laquelle marchent les volontaires de la Seine, arrive la première à la batterie du Moulin-de-la-Galette. Bientôt après, une compagnie du 10e bataillon de chasseurs, soutenue par les attaques vigoureuses du général Wolff, plante le drapeau tricolore sur la tour de Solferino. Il était une heure. Nous étions maîtres de la grande forteresse de la Commune, du réduit de l'insurrection, position formidable, d'où les insurgés pouvaient couvrir tout Paris de leurs feux. Plus de cent pièces de canon et des approvisionnements considérables en armes et munitions tombent entre nos mains.

« La division Montaudon, du premier corps, qui n'a point concouru à l'enlèvement des buttes, se dirige vers l'embarcadère du Nord, et conquiert les barricades armées d'artillerie du boulevard Ornano et de la rue Myrrha.

« Le corps Clinchant, de son côté, descendant les pentes de Montmartre, enlève la place Saint-

Georges, Notre-Dame-de-Lorette et le collége Rollin.

« Pendant ce temps, le corps Douay, pivotant sur sa droite, se porte par sa gauche sur Notre-Dame-de-Lorette, enlève le carrefour de la rue La Fayette et de la rue du Faubourg-Montmartre, et, se rabattant par la rue Drouot sur le boulevard, prend la mairie du IXe arrondissement et le Grand-Opéra. Par sa droite, cheminant à travers les maisons et les jardins, il enlève avec de grandes difficultés la rue Royale et la place de la Madeleine.

« Sur la rive gauche, le deuxième corps exécute un grand mouvement de conversion sur la gauche, de manière à envelopper et à tourner toutes les défenses du quartier de l'Observatoire.

« Le général Levassor-Sorval, après s'être emparé de la forte barricade du boulevard du Maine, à la jonction de la rue de Vanves ainsi que du cimetière Montparnasse, porte ses efforts sur la place Saint-Pierre, où les insurgés s'abritent derrière une forte barricade armée d'artillerie.

« Tandis qu'un bataillon du 114e s'avance par la rue d'Alésia, un bataillon du 113e, longeant le rempart, s'empare du bâtiment d'octroi du bastion 79, tournant ainsi les barricades de la rue de Châtillon. Les insurgés, se voyant près d'être cernés, abandonnent leur formidable position et les huit pièces de canon qui la défendent. La place d'Enfer et le Marché aux chevaux sont en même temps vigoureusement enlevés.

« Pendant ce temps, les divisions Susbielle et Lacretelle ont gagné du terrain en avant. Les troupes du général Lacretelle s'emparent de la caserne de Babylone, de l'Abbaye-aux-Bois, et attaquent le carrefour de la Croix-Rouge, où l'ennemi se défend avec des forces considérables; on ne peut s'en rendre maître que bien avant dans la nuit.

« De son côté, le général Bocher (division Susbielle) enlève vigoureusement les barricades des rues Martignac et Bellechasse, se rend maître de la rue de Grenelle et de la caserne Bellechasse, où les insurgés éprouvent de grandes pertes.

« Les fusiliers marins de la division Bruat et le 46e de ligne (brigade Bocher) se portent en avant en même temps par les rues de l'Université et de Grenelle, s'emparent du ministère de la guerre, de la direction des télégraphes, et de toutes les barricades jusqu'à la rue du Bac, et portent leur tête de colonne à Saint-Thomas-d'Aquin.

« Dans la soirée, deux barricades de la rue de Rennes, qui tenaient la gare Montparnasse en échec, sont tournées et prises par la division Levassor-Sorval, qui s'empare de la Maternité, de la rue Vavin et pousse sa tête d'attaque jusqu'aux abords du Luxembourg.

« La ligne de bataille de l'armée, le 23 au soir, débordant par son aile le centre de Paris, formait un immense angle rentrant avec son sommet à la place de la Concorde, et les côtés appuyés à gauche à la gare des marchandises du Nord, et à droite au bastion 87 près la porte d'Arcueil.

« La journée du 24 mai, continue le rapport officiel, comptera parmi les plus sinistres dans l'histoire de Paris. C'est la journée des incendies et des explosions. Le ciel reste obscurci pendant tout le soir par la fumée et les cendres.

« Déjà, la veille, un immense incendie dévorait le palais de la Légion d'honneur, la Cour des comptes et le Conseil d'Etat; les Tuileries avaient brûlé toute la nuit, et dès l'aube l'incendie atteignait le Louvre et menaçait les galeries de tableaux.

« Dans la matinée, de nouveaux incendies se déclarent au Ministère des finances, au Palais-Royal, dans la rue de Rivoli, dans la rue du Bac, au carrefour de la Croix-Rouge. Le Palais de Justice, le Théâtre-Lyrique, l'Hôtel de Ville sont livrés aux flammes quelques heures plus tard. Tout le cours de la Seine en amont du Palais législatif paraît en feu ; à l'horreur qu'inspirent ces immenses foyers viennent s'ajouter des explosions considérables dans le quartier de la Sorbonne et du Panthéon.

« Le maréchal donne des ordres pour qu'un grand effort soit fait sur le centre afin de conjurer l'incendie des monuments en flammes, et préserver du feu et des explosions ceux qui ne sont pas encore atteints, et surtout le Louvre.

« Dans ce but, le corps de Cissey a pour mission de s'emparer du Luxembourg et de la forte position du Panthéon, et de tout le quartier des Ecoles.

« Dès le point du jour la division Bruat se porte en avant, balaie tout ce qui est devant elle entre la Seine et la rue Taranne, et s'empare successivement de l'Ecole des Beaux-Arts, de l'Institut, de la Monnaie, des barricades de la rue Taranne, et lance ses fusiliers marins vers le Luxembourg.

« Pendant ce temps, les brigades Rocher et Paturel, du corps Cissey, se dirigent par les rues d'Assas et Notre-Dame-des-Champs, de manière à tourner l'édifice par l'ouest et le sud. Au signal de la charge, les troupes, formant trois colonnes, se précipitent, sous une grêle de balles, et s'emparent du Luxembourg, sous le feu des canons des barricades de la rue Soufflot. Pour assurer la possession du palais, le 17e bataillon de chasseurs à pied traverse en courant le boulevard, enlève vaillamment la première barricade de la rue Soufflot, et débusque les insurgés des rues Cujas et Malebranche.

« A la droite, la division Levassor-Sorval s'empare du parc de Montsouris, de l'asile des aliénés, opère un changement de front en avant sur la gauche, et se dirige de manière à tourner le Panthéon par l'est. Elle enlève le Val-de-Grâce, atteint la rue Mouffetard et tourne à gauche pour marcher droit sur le Panthéon.

« A l'aile gauche, la division Lacretelle, qui a pour mission de s'emparer du boulevard Saint-Germain, et de déborder le Panthéon par le nord, enlève une barricade rue de Rennes et poursuit sa marche à travers la place et la rue Saint-Sulpice, les rues Racine et de l'Ecole-de-Médecine. Les colonnes atteignent le boulevard sans le dépasser. Vers quatre heures, notre artillerie ayant atteint le feu des batteries des insurgés établies au pont Saint-Michel, la division Lacretelle franchit le boulevard et s'empare de la place Maubert et du lycée Louis-le-Grand.

« Les trois divisions du corps Cissey marchent alors vigoureusement en avant sur le Panthéon. Les insurgés, menacés de tous côtés, prennent la fuite, laissant sur le terrain un grand nombre des leurs.

« Sur la rive droite, la division Berthaud (corps Douay) se porte, vers deux heures du matin, sur la place Vendôme, s'en empare presque sans coup férir, enlève le Palais-Royal, et dirige ses efforts sur les Tuileries afin d'arrêter les progrès de l'incendie, et sur le Louvre pour préserver des flammes les richesses artistiques qu'il renferme.

« La division Lhéritier s'élançait de son côté rapidement sur la Banque, s'y établissait solidement et poussait sa tête de colonne à la Bourse, à la direction des Postes et à l'église Saint-Eustache.

« La division Vergé (corps Vinoy), après avoir porté ses efforts sur l'incendie du Louvre, dépassait l'église Saint-Germain-l'Auxerrois et, vers neuf heures du soir, la brigade Daguerre atteignait la place de l'Hôtel de Ville et s'emparait de la caserne Lobau.

« Le corps Clinchant a l'ordre d'occuper par sa droite la place de la Bourse et de se relier par sa gauche avec le premier corps vers le Château-d'Eau.

« La division Garnier, franchissant tous les obstacles, enlève le Conservatoire de musique, l'église Saint-Eugène, le Comptoir d'escompte, traverse le boulevard Montmartre, touche à la Bourse, tourne à gauche, vient s'emparer des formidables ouvrages de la porte Saint-Denis, et porte ses avant-postes jusqu'au boulevard de Strasbourg.

« La division Duplessis, marchant droit devant

elle, enlève le square Montholon, l'église Saint-Vincent-de-Paul, la caserne de la Nouvelle-France, et la barricade au carrefour du boulevard Magenta et de la rue de Chabrol.

« Le corps Ladmirault a pour objet l'occupation des gares du Nord et de l'Est.

« La division Montaudon, chargée de cette opération, quitte son bivouac de la porte Clignancourt à six heures et demie et se met en marche sur deux colonnes. Le 31e de ligne, qui tient la tête de colonne, achève la conquête du pâté de maisons qui domine la gare de marchandises, et, après avoir tourné par l'église Saint-Bernard la barricade de la rue Stephenson, il se trouve maître de la gare du Nord vers midi et demi.

« Le 36e de marche, qui doit occuper la gare du Nord, ne peut en approcher qu'en cheminant à travers les maisons et les jardins. Il arrive avec de grandes difficultés à la hauteur de la rue de Dunkerque, se jette sur la barricade qui protége l'accès de la gare, s'en empare ainsi que des mitrailleuses qui la défendent, et pénètre de vive force dans la gare.

« Les troupes de la division Grenier, qui doivent appuyer celles de la division Montaudon et les relier au corps Clinchant, viennent occuper à l'intersection des boulevards Ornano et Rochechouart un fort ou-

La colonne Vendôme avant sa démolition.

vrage sur lequel les insurgés font un retour offensif qui est vigoureusement repoussé. La brigade Abbatucci gagne alors la gare du Nord, tandis que la brigade Pradier enlève une forte barricade dans la rue La Fayette, près de l'église Saint-Vincent-de-Paul, où elle s'établit.

« La division Laveaucoupet occupe la hauteur de Montmartre et travaille aux batteries destinées à combattre celles des insurgés sur les buttes Chaumont.

« Dans la soirée du 24, nous sommes maîtres de plus de la moitié de Paris et des grandes forteresses de la Commune, telles que Montmartre, la place de la Concorde, l'Hôtel de Ville et le Panthéon. Le front de bataille forme une ligne à peu près droite s'étendant depuis les gares des chemins du Nord et de l'Est jusqu'au parc de Montsouris.

« Le maréchal avait porté dès le matin son quartier général au Ministère des affaires étrangères.

« 25 mai. — Le but principal des opérations dans cette journée est de faire un mouvement en avant par l'aile droite, de s'emparer de la Butte-aux-Cailles sur la rive gauche, et, sur la rive droite, de la place de la Bastille et du Château-d'Eau, de manière à refouler l'insurrection dans les quartiers de Ménilmontant et Belleville.

« A l'extérieur de Paris, le lieutenant-colonel Leperche, avec quelques détachements du 2e corps, a continué l'investissement du fort de Montrouge ; il s'en empare, ainsi que du fort de Bicêtre, dans la matinée. En même temps, une reconnaissance du corps du Barail occupe la redoute des Hautes-Bruyères et de Villejuif.

« Vers deux heures, à la suite du désordre produit dans le fort d'Ivry par l'explosion de la poudrière, un détachement du 4e dragons, vigoureusement appuyé par deux escadrons du 7e régiment de chasseurs, se lance rapidement à l'assaut du fort et s'en rend maître.

« L'insurrection, sur la rive gauche, dans l'intérieur de Paris, se trouve concentrée sur la place d'Italie et la Butte-aux-Cailles, où elle semble décidée à opposer la plus vive résistance.

« Le général de Cissey donne des ordres pour prendre à revers ces positions, en les tournant à droite et à gauche, par les fortifications.

« Pour favoriser cette attaque, des batteries destinées à battre ces positions avaient été établies dans la nuit au bastion 81, à l'Observatoire et sur la place d'Enfer.

« Les colonnes se mettent en mouvement vers midi.

« A la droite, la brigade Lian quitte le parc de Montsouris, et, se frayant un passage entre le chemin de fer de Ceinture et les fortifications, enlève successivement toutes les portes qu'elle fait occuper, atteint le pont Napoléon qu'elle masque, tourne à gauche, en suivant le remblai du chemin de fer d'Orléans et s'empare de la gare aux marchandises. La brigade Osmont se déploie à l'abri de l'asile Sainte-Anne, franchit la Bièvre, se lance à l'assaut de la Butte-aux-Cailles, à travers les enclos et les jardins, occupe l'avenue d'Italie et la route de Choisy.

« Au centre, la brigade Bocher, formée en trois colonnes, débouche par la rue Corvisart, les boulevards Arago et de Port-Royal, enlève les Gobelins, que les insurgés incendient en l'abandonnant, prend la barricade du boulevard Saint-Marcel, et arrive à la mairie du XIIIe arrondissement en même temps que le général Osmont.

« Les insurgés, attaqués de front et de flanc, s'enfuient en désordre, laissant entre nos mains vingt canons, des mitrailleuses et des centaines de prisonniers. Le général Bocher continue sa marche par les boulevards de l'Hôpital et de la Gare, et atteint les insurgés dans leur dernier refuge, derrière une forte barricade sur la place Jeanne-d'Arc. Ils se rendent tous à discrétion au nombre de sept cents.

« La brigade de Courcy quitte la rue du Faubourg-

Poissonnière à quatre heures du matin, s'avance entre le boulevard et la rue Paradis, établit des batteries près de l'église Saint-Laurent et dans la rue du Château-d'Eau pour combattre celles des insurgés, et conquiert successivement la mairie du dixième arrondissement, le théâtre des Folies-Dramatiques, les barricades du boulevard, celles de la rue du Château-d'Eau, franchit le boulevard Magenta, et s'établit dans les maisons de la rue Magnan ; de là, elle se précipite sur la porte de la caserne du Prince-Eugène, dans la rue de la Douane ; la porte est enfoncée par le génie, et la tête de la colonne (2e provisoire) s'élance dans l'intérieur et s'en rend maître.

« La brigade Blot, appuyant l'attaque de la brigade de Courcy, se porte d'abord droit devant elle, enlève brillamment la double barricade du carrefour des boulevards Magenta et de Strasbourg, s'empare de l'église Saint-Laurent, de l'hôpital Saint-Martin, de la barricade de la rue des Récollets, tourne alors à droite, et, après avoir délogé les insurgés des barricades du quai Valmy et de la rue Dieu, s'empare de l'entrepôt de la douane.

« Pendant ce temps, la division Garnier, qui a bivouaqué à la Bourse et dans la rue des Jeûneurs, s'avance par les rues parallèles au boulevard et se porte sur l'église Saint-Nicolas-des-Champs, poste avancé du Château-d'Eau.

« Les troupes prennent d'assaut ou en les tournant toutes les barricades, dans les rues Montorgueil, des Deux-Portes-Saint-Sauveur, des Gravilliers, au carrefour des rues Turbigo et Réaumur, enlèvent les barricades des rues Meslay, de Nazareth et de Vertbois, entourent l'église de Notre-Dame-des-Champs, qui tombe entre nos mains, en même temps que le Conservatoire des Arts-et-Métiers, entraînant dans sa chute le marché Saint-Martin et son parc d'artillerie, l'école Turgot, le marché et le square du Temple, et de nombreuses barricades dans les rues voisines.

« La tête de colonne de la brigade de Brauer pousse jusqu'au boulevard du Temple, et le 14e provisoire s'empare du passage Vendôme et du Théâtre-Déjazet. Dans la nuit, le 2e provisoire (brigade de Courcy), pénètre dans les Magasins-Réunis.

« Le corps de Ladmirault, qui doit concourir à l'attaque des buttes Chaumont, prépare son mouvement en cherchant à occuper les principaux points de passage du canal Saint-Martin, et en se prolongeant par sa gauche le long des fortifications ; il s'empare dans ce but, à droite, de l'usine à gaz, de l'école professionnelle et des abords de la rotonde de la Villette, et à gauche, des bastions 36, 35, 34 et 33.

« Dans la soirée du 25 mai, toute la rive gauche était en notre pouvoir, ainsi que les ponts de la Seine ; la prison de Mazas et le Château-d'Eau étaient enlevés, la Bastille et la rotonde de la Villette menacées.

« 26 mai. — Les opérations de la journée doivent être dirigées de manière à repousser les insurgés entre les fortifications, le canal de l'Ourcq, le canal Saint-Martin, le boulevard Richard-Lenoir, la place de la Bastille, la rue du Faubourg-Saint-Antoine, la place du Trône et le cours de Vincennes, de façon à ce que, dans la journée du 27, les corps des ailes, c'est-à-dire ceux des généraux Ladmirault et Vinoy, puissent, en longeant la ligne des fortifications, venir s'emparer des hauteurs qui, près des portes des Prés-Saint-Gervais, de Romainville et de Ménilmontant, dominent toutes les positions occupées par les insurgés, c'est-à-dire les buttes Chaumont, le cimetière du Père-Lachaise et les barricades des boulevards extérieurs de Belleville, Ménilmontant et Charonne.

« De ces hauteurs, les troupes de ces deux corps doivent descendre sur les positions des insurgés et s'en emparer successivement, en les repoussant sur la ligne occupée par les corps du centre (Douay et Clinchant).

« L'armée du général Vinoy doit s'emparer de la

Bastille et de la place du Trône en exécutant un changement de front sur son aile gauche, pendant que les corps Douay et Clinchant s'établiront sur la ligne du canal Saint-Martin, et que le corps Ladmirault s'étendra par sa gauche le long des fortifications.

« La place de la Bastille étant inabordable par les boulevards et les rues de l'ouest, doit être tournée par l'est. Le général Derroja est chargé de cette opération, qu'il doit exécuter en profitant du remblai du chemin de fer de Vincennes. A cet effet, la brigade Derroja se porte à deux heures du matin par le quartier de Bercy jusqu'à l'embarcadère de Bel-Air, enlève le poste-caserne du bastion n° 8, tourne à gauche, et, suivant la voie ferrée où elle est assaillie par un feu violent sur son flanc droit, gagne la gare de Vincennes dont elle s'empare.

« De son côté, la brigade La Mariouse, secondée par la brigade Langourian, enlève les barricades de l'avenue Lacuée et du boulevard Mazas, à l'ouest du chemin de fer, et atteint la rue du Faubourg-Saint-Antoine, par les rues barricadées entre les hospices Eugénie et des Quinze-Vingts. Pendant ce temps, la division Vergé, franchissant le boulevard Beaumarchais, enlève brillamment les barricades des rues de la Roquette, de Charonne et du Faubourg-Saint-Antoine. Toutes les défenses de la place de la Bastille se trouvent ainsi tournées, et les insurgés qui ne sont pas tués ou pris se réfugient vers la place du Trône.

« Maître de la Bastille, le général Vinoy dirige vers deux heures ses colonnes d'attaque sur la place du Trône.

« La brigade La Mariouse, suivant la rue Erard et le boulevard Mazas, se trouve arrêtée par l'ennemi, solidement établi dans la caserne Reuilly et derrière une formidable barricade construite à l'intersection des rues de Reuilly et du Faubourg-Saint-Antoine. Le 35e de ligne enlève avec vigueur la caserne, mais ne peut s'emparer de la barricade qu'après l'avoir contrebattue avec de l'artillerie.

« La brigade Derroja, quittant la voie ferrée, se porte sur la place du Trône par le boulevard Mazas et la rue Picpus. La brigade Bernard de Seigneurens, suivant les quais de la Râpée, se dirige par les boulevards de Bercy, de Reuilly et de Picpus. Enfin, la brigade Crémion occupe les postes des fortifications depuis la Seine jusqu'à la porte de Vincennes. Vers huit heures du soir, les insurgés, résolûment abordés par les brigades Derroja et Bernard de Seigneurens, sont délogés de la place du Trône, mais nos soldats, exposés au feu des batteries placées près de la mairie du onzième arrondissement, ne peuvent s'y maintenir et bivouaquent dans les rues voisines.

« Le corps Douay, dont les troupes bordent les boulevards du Temple, des Filles-du-Calvaire et Beaumarchais, franchit vaillamment cette ligne sous une pluie de balles, et se rend maître, après une lutte acharnée, du grand triangle formé par la ligne des boulevards et par le boulevard Richard-Lenoir.

« C'est en dirigeant sa tête d'attaque, que le général Leroy de Dais est frappé mortellement dans la rue Saint-Sébastien.

« Le corps Clinchant s'empare au point du jour du théâtre du Prince-Impérial et du cirque Napoléon, et, cheminant à travers les maisons, il s'établit le long du canal. Ses troupes supportent bravement toute la journée un feu violent d'artillerie venant des buttes Chaumont et du Père-Lachaise.

« A la gauche, le général Lacretelle se porte en avant, par le sud de la Halle-aux-Vins, franchit le Jardin des Plantes et arrive à la gare d'Orléans, déjà occupée par la division Bruat. L'armée de réserve (général Vinoy), se met en mouvement à huit heures du matin, en trois masses principales. A droite, la division Bruat quitte la rue Saint-André-des-Arts, et, longeant les quais, traverse la Halle-aux-Vins, pénètre dans le Jardin des Plantes et enlève avec beaucoup d'entrain la gare d'Orléans. Au centre, la brigade La Mariouse suit les quais de la rive droite, atteint, par le quai Morland, le Grenier d'abondance que les insurgés incendient en l'abandonnant. Elle e peut franchir le canal, dont la chaussée est balayée à la fois par une batterie du boulevard Bourdon et par les ouvrages du pont d'Austerlitz.

« Alors le génie construit, sous la protection de la flottille, une passerelle sur le canal, près du fleuve ; le 35e de ligne, franchissant le canal sur cette passerelle, passe sous le pont d'Austerlitz, monte sur le quai de la Râpée et s'empare des défenses du pont d'Austerlitz. Le pont de Bercy est en même temps enlevé, et, à la nuit, la gare du chemin de fer de Lyon et la prison de Mazas sont occupées.

« A la gauche, la division Vergé, qui est rentrée sous le commandement du général Vinoy, doit tourner la place de la Bastille par le nord, elle enlève brillamment les barricades des rues Castex, de la Cerisaie et de Saint-Antoine, s'empare de la place Royale; mais, vu l'heure avancée, ne peut terminer son mouvement tournant et s'emparer de la Bastille.

« Dans cette journée, la flottille prête un appui des plus efficaces aux colonnes de l'armée de réserve qui combattent sur les deux rives de la Seine.

« Dans la soirée du 24, les canonnières avaient tiré

DELESCLUZE.

quelques coups de canon sur les barricades des quais.

« Le 25, elles remontent la Seine jusqu'à la hauteur des têtes d'attaque, battent le quai des Célestins et ceux de la Cité; peu après, devançant les colonnes, elles marchent à toute vitesse en tirant à mitraille, et viennent s'établir à 100 mètres du musoir du canal Saint-Martin, prenant d'écharpe toute la ligne d'insurgés qui se pressent sur les quais, et contre-battant les défenses du canal. Aussitôt le pont d'Austerlitz enlevé, les canonnières précédant les colonnes remontent jusqu'au-delà du pont de Bercy, dont elles facilitent l'occupation.

« Le corps Douay appuie le mouvement du corps Clinchant sur le Château-d'Eau; à cet effet, il s'empare de l'Imprimerie nationale, enlève les barricades des rues Charlot et de Saintonge, et s'avance jusque sur le boulevard du Temple, près duquel il bivouaque, entretenant toute la nuit un feu des plus vifs avec les insurgés.

« Le corps Clinchant est chargé de l'attaque de la place du Château-d'Eau. Les vastes bâtiments de la caserne du Prince-Eugène et des Magasins-Réunis étaient reliés par une grande et solide barricade. Cette fortification couvrait, avec la Bastille, le quartier de Belleville et les buttes Chaumont, dernier refuge de l'insurrection. Toutes les forces du corps Clinchant concourent à son enlèvement.

« Le corps Ladmirault, à la gauche, achève de préparer son mouvement sur les buttes Chaumont : dans ce but, il s'empare des barricades des rues Riquet, de Flandre et de Kabylie, qui assurent la possession de la place de la Rotonde, dont les insurgés sont débusqués, après avoir toutefois incendié la raffinerie de sucre et les magasins de la douane. La brigade Dumont, se prolongeant vers la gauche, conquiert la ligne du canal de Saint-Denis, enlève les bastions 29, 28, 27 et 26 et atteint l'abattoir général.

« La ligne de bataille de l'armée forme, dans la soirée, une demi-circonférence, s'étendant de la porte de Vincennes à la porte du canal de l'Ourcq, en suivant la rue du Faubourg-Saint-Antoine, le boulevard Richard-Lenoir, le canal Saint-Martin et le bassin de la Villette.

« 27 mai. — Les insurgés, chassés de leurs positions de la place du Trône, de la Bastille, du Château-d'Eau et de la rotonde de la Villette, se sont réfugiés sur les buttes Chaumont et les hauteurs du Père-Lachaise.

« Leurs batteries dirigent un feu violent sur notre ligne de bataille, mais depuis trois jours la batterie de Montmartre répond à leur feu, balaie les buttes de ses projectiles, et prépare ainsi l'attaque des dernières positions de l'insurrection.

« Pendant que les corps Douay et Clinchant se tiendront sur la défensive sur le boulevard Richard-Lenoir et sur le canal, le corps Ladmirault et l'armée de réserve attaqueront les positions des insurgés en les enveloppant par l'est.

« Les buttes Chaumont et les hauteurs du Père-Lachaise forment deux contreforts qui ont leur origine à l'est, près des remparts, entre les portes de Romainville et de Ménilmontant. C'est vers ce point qui domine les buttes et le sommet du Père-Lachaise de 25 à 30 mètres, que l'aile gauche du corps Ladmirault et l'aile droite de l'armée de réserve (général Vinoy) devront se réunir pour se porter ensemble à l'ouest sur les positions des insurgés.

« A cet effet, le 1er corps (général Ladmirault) se dirigea vers les buttes Chaumont, en formant des échelons; l'aile gauche en avant. La colonne formant l'échelon de gauche suivra la rue militaire, le long des fortifications; les autres colonnes ne devront se mettre en mouvement que successivement, lorsque l'échelon qui les précède aura enlevé les hauteurs qui sont à leur gauche.

« L'armée de réserve (général Vinoy) exécutera une opération semblable, l'aile droite en avant; l'échelon de droite suivra les boulevards Davoust et Mortier, le long des remparts, pour venir se joindre à l'échelon tête de colonne du corps de Ladmirault, sur les hauteurs indiquées, entre les rues de Belleville et de Ménilmontant.

« Les colonnes des ailes marchantes du corps Ladmirault et de l'armée de réserve (général Vinoy), étant réunies, tous les échelons exécuteront un mouvement de conversion vers l'ouest, de manière à envelopper les insurgés, et à les rejeter vers le canal Saint-Martin et le boulevard Richard-Lenoir.

« La division Grenier, qui forme l'aile gauche du corps de Ladmirault, se met en mouvement à six heures et demie : l'échelon de gauche franchit le canal de l'Ourcq, s'empare du poste-caserne du bastion 26, enlève la porte Pantin, et se rend maître des bastions 24, 23 et 22.

« Les échelons en arrière de cette division s'emparent des barricades de la rue de Flandre; la compagnie d'éclaireurs, lieutenant Muller, enlève brillamment la mairie du 19e arrondissement et l'église Saint-Jacques.

« Les troupes entretiennent alors une vive fusillade contre l'ennemi embusqué dans les jardins et les maisons de Belleville, pendant que des batteries établies dans les bastions 25 et 24, sur la voie ferrée, et en avant du marché aux bestiaux, canonnent les hauteurs de Belleville.

« La division Montaudon, qui forme les échelons de droite, se met en mouvement à onze heures.

« La brigade Dumont tourne le bassin de la Villette en franchissant la place de la Rotonde, enlève les barricades de la rue d'Allemagne, et s'établit au marché de la rue de Meaux.

« La brigade Lefebvre, à l'aile droite, se concentre dans les rues de la Butte-Chaumont et du Terrage, franchit à son tour le canal sous une grêle de balles, enlève la grande barricade du rond-point et celle de la rue des Ecluses-Saint-Martin, et atteint le boulevard de la Villette par les rues Grange-aux-Belles, Vicq-d'Azir et de la Chopinette.

« Il était six heures ; à ce moment, les brigades Lefebvre, Dumont et Abbatucci sont rangées en demi-cercle au pied des buttes Chaumont ; la brigade Pradier s'est élevée jusqu'au bastion 21, où l'artillerie a monté une mitrailleuse et une pièce de 12 prenant les buttes à revers. La charge est sonnée, nos troupes s'élancent à l'assaut, et couronnent bientôt les hauteurs, s'emparant des carrières d'Amérique, des hauteurs de Belleville et du sommet de la butte Chaumont, où la tête de colonne du régiment étranger plante le drapeau tricolore.

« La prise des buttes Chaumont fait tomber en nos mains une artillerie nombreuse et une grande quantité de munitions.

« De son côté, l'armée de réserve se met en mouvement, mais n'avance qu'avec difficulté.

« La brigade La Mariouse se porte en avant, le long des fortifications. La brigade Derroja reste en réserve sur le cours de Vincennes. La brigade Bernard de Seigneurens, formant des échelons en arrière, s'avance par la rue Puebla et enlève toutes les barricades.

« Un bataillon du 1er régiment d'infanterie de marine s'avance contre une barricade qui l'inquiète et se laisse entraîner jusqu'au Père-Lachaise, où il rencontre une défense énergique ; mais il est soutenu par deux bataillons de sa brigade et par un régiment de la division Faron, et parvient à se maintenir dans le cimetière et à s'en rendre maître.

« La brigade Langourian remonte jusqu'à la place du Trône, où elle assure les derrières en procédant au désarmement des quartiers environnants.

« L'armée de réserve rencontre de grandes difficultés. La place Voltaire est fortifiée d'une manière formidable, et l'artillerie des insurgés tire à mitraille sur la place du Trône. Le général Faron fait contrebattre ce réduit de l'insurrection par le feu de six pièces établies sur la place du Trône.

« Le général La Mariouse, continuant ses mouvements par la route militaire, se rend maître de la porte Bagnolet et de la mairie du 20e arrondissement.

« Les corps Douay et Clinchant se consolident pendant ce temps dans leurs positions le long du boulevard Richard-Lenoir et du canal Saint-Martin, et établissent des batteries pour enfiler les principaux débouchés par lesquels les insurgés pourraient franchir la ligne de bataille.

« Le corps de Douay dirige de la place de la Bastille un feu d'artillerie très-actif sur la mairie du 11e arrondissement et sur l'église Saint-Ambroise.

« Ainsi dans la soirée du 27, l'armée est maîtresse des buttes Chaumont et du cimetière du Père-Lachaise. La ligne de bataille forme les trois quarts d'un cercle, l'aile gauche appuyée au bastion 21, et l'aile droite à la porte Bagnolet.

« Le général de Cissey procède au désarmement de la population sur la rive gauche.

« 28 mai. — L'armée de réserve et le corps Ladmirault continuent leur marche enveloppante. Les colonnes qui longent les fortifications doivent se rejoindre et se rabattre vers l'ouest pour enlever de concert les positions que l'insurrection occupe encore.

« Les corps Douay et Clinchant, se tenant sur une vigoureuse défensive, ont pour mission de repousser les insurgés qui, refoulés des hauteurs, se porteraient vers l'intérieur de Paris.

« Les troupes du général Vinoy se mettent en marche à quatre heures du matin. La brigade La Mariouse suit le boulevard Mortier le long des remparts, atteint la porte de Romainville, enlève une forte barricade dans la rue Haxo, et prend 2,000 insurgés ainsi qu'un matériel d'artillerie considérable. La brigade Derroja se dirige par le boulevard de Charonne vers le cimetière du Père-Lachaise occupé par la brigade de Seigneurens, enlève vigoureusement les barricades des rues des Amandiers et de Tlemcen et des Cendriers, de Ménilmontant et occupe par sa droite la place de Puebla.

« La brigade Langourian, traversant la place du Trône, suit l'avenue Philippe-Auguste, enveloppe la prison de la Roquette, à cinq heures du matin, et délivre les otages au nombre de 169. Les insurgés en avaient malheureusement fusillé 64 l'avant-veille.

« La brigade Langourian descend alors la rue de la Roquette, s'empare de la mairie du 11e arrondissement, pousse ses têtes de colonne sur l'avenue du Prince-Eugène pour se relier avec le corps Douay sur le boulevard Richard-Lenoir, et sauve de la destruction l'église Saint-Ambroise en coupant des fils qui doivent communiquer le feu au poudres qu'elle renferme.

« De son côté, le corps Ladmirault poursuit sa marche en avant. Le général Grenier se dispose à attaquer le bastion 19 lorsqu'il aperçoit, à son sommet, le drapeau tricolore que la division Faron vient d'y arborer.

« Les deux divisions font alors leur jonction et se rabattent vers l'ouest.

« Dès lors, les insurgés, acculés dans leurs derniers retranchements, entourés et attaqués de tous les côtés, sont forcés de se rendre ou de se faire tuer.

« Les insurgés sont débusqués des rues des Bois et des Prés-Saint-Gervais. A dix heures, l'église de Belleville est enlevée ainsi que la partie haute de la rue de Paris, et successivement toutes les fortes barricades de cette rue.

« Un grand nombre de prisonniers et un matériel considérable d'artillerie tombent en nos mains. L'hôpital Saint-Louis est pris, et, peu après, la grande barricade du faubourg du Temple.

« Il était trois heures de l'après-midi ; toute résistance avait cessé ; l'insurrection était vaincue.

« Le fort de Vincennes restait seul au pouvoir des insurgés, qui, sommés de se rendre dans la matinée du 29, se constituent prisonniers à dix heures du matin.

« En résumé, l'armée réunie à Versailles avait, en un mois et demi, vaincu la plus formidable insurrection que la France ait jamais vue. Nous avions accompli des travaux considérables, creusé près de 40 kilomètres de tranchée, élevé 80 batteries armées de 350 pièces de canon. Nous nous étions emparés de cinq forts armés d'une manière formidable, et défendus avec opiniâtreté, ainsi que de nombreux ouvrages de campagne.

« L'enceinte de la place avait été forcée et l'armée avait constamment avancé dans Paris, enlevant tous les obstacles, et après huit jours de combats incessants, les grandes forteresses de la Commune, tous ses réduits, toutes ses barricades étaient tombés en notre pouvoir.

« L'incendie des monuments avait été conjuré ou éteint, et d'épouvantables explosions avaient été prévenues.

« L'insurrection avait subi des pertes énormes, nous avions fait 25,000 prisonniers, pris 1,500 pièces de canon et plus de 400,000 fusils. »

Si rapide que fût la marche des troupes, elle ne le fut cependant pas assez pour prévenir des désastres inouïs. Le mercredi, vers dix heures, de noires colonnes de fumée s'élèvent au-dessus de Paris et s'épaississent bientôt au point d'obscurcir la lumière du soleil.

Tous les incendies éclatent à la fois, au ministère des finances, au Palais-Royal, à l'Hôtel de Ville, à la Préfecture de police, au Palais de Justice, au Théâtre-Lyrique, au Châtelet, dans les rues du Bac, de Lille, Vavin, à la Croix-Rouge, au conseil d'Etat, à la Légion d'honneur, à la Caisse des dépôts et consignations, et dans un grand nombre encore de maisons particulières du faubourg Saint-Germain; la rue Royale brûle sur le côté gauche et une partie du côté droit, ainsi que l'avenue Victoria, plusieurs maisons de la rue de Rivoli, du boulevard Sébastopol et du boulevard Voltaire, de la rue Saint-Martin, de la place du Château-d'Eau et de la rue Saint-Antoine. Le Grenier d'abondance, les Docks de la Villette, pleins l'un et l'autre de marchandises, la gare du chemin de fer de Lyon, la rue de la Roquette sont également en flammes. Sur la Seine, plusieurs grands bateaux à vapeur aussi sont incendiés.

Le projet de faire sauter Paris ou de le brûler, avant de se rendre, de ne reculer enfin devant aucune extrémité, ne fut point le résultat d'une résolution spontanée. Il était depuis longtemps arrêté dans ces esprits étroits et envieux.

Lors du renversement de la colonne Vendôme, deux énergumènes, le sieur Miot et le sieur Ranvier, s'étaient élancés sur les échafaudages, qui en entouraient le piédestal et avaient de là, comme d'une tribune, harangué le peuple. «Jusqu'ici, avait dit le premier, notre colère ne s'est exercée que sur des choses matérielles, mais le jour approche où les représailles seront terribles et atteindront cette réaction infâme qui cherche à nous écraser.» Le second : « La colonne Vendôme, la maison de M. Thiers, la Chapelle expiatoire ne sont que des exécutions matérielles ; mais le tour des traîtres et des royalistes viendra inévitablement si la Commune y est forcée. »

La menace est patente. A une des séances de l'Hôtel de Ville, Paschal Grousset avait aussi prononcé ces paroles caractéristiques : « Je demande qu'on prenne des mesures pour l'anéantissement de tous les titres appartenant aux Versaillais le jour où ils entreraient à Paris. »

Est-ce assez significatif? Les mesures prises pour l'exécution de ces menaces enlèvent toute espèce de doute s'il pouvait y en avoir. Dans un grand nombre de quartiers, des mines, des torpilles étaient préparées, des fils tendus, qui n'attendaient que la décharge électrique; des barils de pétrole il y en avait partout : on se rappelle du reste qu'il avait été réquisitionné. Dans le Panthéon des poudres en quantité énorme étaient accumulées, des mèches étaient allumées qui devaient amener l'écroulement de l'édifice, et quand le 17° bataillon de chasseurs à pied parvint à en chasser les fédérés, le feu n'avait plus qu'un mètre à parcourir pour faire éclater les mines. Dans les égouts les fils aboutissaient à des amas de matières inflammables ou explosibles.

Voilà pour les préparatifs matériels ; voici maintenant quelques ordres pour l'exécution.

Un colonel Parent envoie la dépêche suivante : « Incendiez le quartier de la Bourse ; ne craignez pas. »

Le chef de légion Brunel : « Le citoyen délégué commandant la caserne du Château-d'Eau est invité à remettre au porteur du présent les bombonnes d'huile minérale nécessaires au citoyen chef général des barricades du faubourg du Temple. »

Le chef de la 13° légion : « Je fais mettre le feu au Grenier d'abondance. »

Ferré : « Faites flamber Finances et venez nous retrouver. »

Un autre ordre porte : « Le citoyen Millière, à la tête de cent cinquante fuséens, incendiera les maisons suspectes et les monuments publics de la rive gauche. Le citoyen Dereure, avec cent fuséens, est chargé du Ier et du IIe arrondissement. Le citoyen Billioray, avec cent hommes, est chargé des IXe, Xe et XXe arrondissement. Le citoyen Vésinier, avec cinquante hommes, est chargé spécialement des boulevards, de la Madeleine à la Bastille. Ces citoyens devront s'entendre avec les chefs des barricades pour l'exécution de ces ordres. » Ce dernier ordre est daté du 3 prairial an 79 et signé par Delescluze, Régère, Ranvier, Johannard, Vésinier, Brunel, Dombrowski.

Voici comment on procédait pour incendier les immeubles. Les maisons suspectes étaient désignées au moyen de pains à cacheter collés sur la porte à une hauteur convenue. Ces pains à cacheter portaient un bonnet phrygien et au-dessous les deux lettres V. P., ou B. P. B. qu'on a traduites ainsi : *versez pétrole*, ou *bon pour brûler*. Quand l'ordre décisif était arrivé, des hommes passaient, annonçant que le quartier allait être livré aux flammes et engageant les habitants à fuir. Dans certaines rues, au contraire, suivant le tempérament des chefs de quartier, on empêchait les gens de partir en disant que, le danger devant être le même partout, il était parfaitement inutile de quitter un quartier pour un autre. Dans la rue de Vaugirard, après avoir annoncé l'incendie à haute voix, les exécuteurs placèrent des sentinelles sur les trottoirs avec ordre de tirer sur quiconque tenterait de sortir de chez soi.

Ces préliminaires terminés, des femmes ou des enfants portant un seau, un pot, un récipient quelconque rempli de pétrole, enduisaient à l'aide d'un pinceau ou d'une éponge les portes, les volets, les boiseries des boutiques; puis des hommes armés de torches accomplissaient l'horrible besogne. L'un d'eux, arrêté rue de Poitiers, avoua qu'il recevait dix francs par foyer d'incendie allumé. Aux Tuileries, au Louvre, au Ministère des finances, à l'Hôtel de Ville, les murs et les parquets avaient été arrosés de pétrole.

On s'irrite en voyant l'œuvre de destruction de la Commune, et on appelle sur ses auteurs des sévérités implacables; mais on frissonne en songeant aux incalculables désastres qui se seraient produits si le temps n'avait pas manqué pour utiliser tous les préparatifs. L'entrée des troupes, qui fut pour l'insurrection une surprise, a sauvé Paris d'un anéantissement complet.

Quand, devant l'intrépidité des troupes, l'émeute était obligée de reculer, quelques misérables avaient mission d'incendier le quartier abandonné. En outre, ordre avait été donné aux pompiers de ne pas chercher à éteindre les incendies et de ramener toutes les pompes au Champ-de-Mars. Quelqu'un se présentait-il pour tenter d'arrêter le feu, on tirait sur lui; au ministère des finances le sauvetage fut interrompu quatre fois par l'intensité de la canonnade des insurgés. Des individus revêtus de l'uniforme de pompier furent même trouvés lançant sur les foyers ardents des liquides inflammables. On arrêta des femmes et des enfants qui jetaient du pétrole dans les soupiraux des caves. Pour couper court à de nouveaux malheurs, l'autorité militaire dut ordonner la fermeture de toutes les ouvertures des caves. Les incendiaires qui tombèrent dans ses mains furent inexorablement passés par les armes.

C'est dans la soirée du mardi qu'avait commencé l'incendie des Tuileries. Ce monument était depuis longtemps désigné par la Commune aux fureurs de ses partisans : dans leur langage imagé, c'était « la tanière des tyrans et l'atelier des crimes. » Et dans leur esprit borné, détruire le palais des tyrans était, du même coup, détruire à toujours la tyrannie.

Lorsque les batteries de l'Arc de Triomphe et du Corps législatif eurent démonté les bâtteries fédérées des Tuileries, les insurgés, comprenant qu'ils ne pouvaient pas résister plus longtemps, mirent le feu à l'intérieur de l'édifice. Puis, se répandant en tirailleurs dans le jardin, ils se préparèrent à disputer le passage assez longtemps pour permettre aux flammes d'atteindre leur plus grande intensité. Le palais des rois de France brûla toute la nuit. Lorsque enfin on put arrêter le feu, ce n'était plus, hélas! que ruines fumantes. Les galeries du Louvre, à l'exception de la Bibliothèque qui fut anéantie, avaient heureusement été préservées. Même tentative avait lieu, à la même heure, au ministère de la marine ; le commandant Brunel avait donné un ordre ainsi conçu : « Dans un quart d'heure les Tuileries seront en feu. Aussitôt que nos blessés seront enlevés, vous ferez sauter le ministère. » L'amiral Pothuau, pénétrant dans son ministère à la tête de quelques marins, surprit les bandits au moment où ils s'apprêtaient à exécuter l'ordre : les uns purent s'enfuir, Brunel le premier, les autres furent passés par les armes. Le ministère resta intact. Partout l'incendie se complique de détails odieux : non contents de mettre le feu aux maisons, les fédérés s'attaquent aux personnes, et plusieurs chefs de famille tombent victimes de la fureur de ces misérables : rue du faubourg Saint-Honoré, à l'angle de la rue Royale, cinq ou six femmes qui avaient cherché un refuge dans les caves sont ensevelies sous l'écroulement de la maison ; on les entend crier et on ne peut leur porter secours !

Qu'on se figure les malheureux Parisiens fuyant à travers ces flammes meurtrières, au milieu desquelles se croisent les balles et les obus, qu'on prête l'oreille aux plaintes des enfants et des femmes ; qu'on voie par la pensée les mères anxieuses, tremblantes, les hommes défendant leurs foyers le pistolet au poing, l'impossibilité d'avoir des vivres, la défiance mutuelle, le ciel rouge éclairant la bataille la plus acharnée, le bruit incessant et étourdissant du canon; qu'on se représente toutes ces choses, et on aura un tableau affaibli de ce que fut Paris du mercredi au samedi suivant.

« Toutes les nuits, dit M. Ernest Daudet, dans son livre intitulé *l'Agonie de la Commune*, les populations des environs se pressaient sur les hauteurs qui entourent la capitale pour contempler ce spectacle. Vu à distance il n'était pas moins affreux que vu de près. Ceux qui ont pu contempler les éruptions du Vésuve pourront se faire une idée de ce sinistre tableau.

« D'effroyables lueurs se projetaient sur les bois, les eaux et les plaines, avec des splendeurs d'aurore boréale. Tout était embrasé. On voyait des jets lumineux, mêlés d'étincelles et de bruits d'explosion. Dans la nuit du vendredi au samedi, où brûlaient les docks de la Villette, le Grenier d'abondance, les Gobelins, l'éclat empourpré des cieux fut tel, qu'il était facile de lire un journal aux portes de Versailles, du côté de Viroflay et de Ville-d'Avray. »

Le combat fini, la Commune définitivement terrassée, le maréchal publia, dans la soirée du dimanche, la proclamation suivante, dont on appréciera la simplicité toute militaire :

« Habitants de Paris,

« L'armée de la France est venue vous sauver. Paris est délivré. Nos soldats ont enlevé à quatre heures les dernières positions occupées par les insurgés.

« Aujourd'hui la lutte est terminée, l'ordre, le travail et la sécurité vont renaître.

« Au quartier général, le 28 mai 1871.

« *Le maréchal de France, commandant en chef,*

« DE MAC-MAHON, DUC DE MAGENTA. »

Au sortir de toutes ces proclamations de la Commune pompeuses autant que vides, cette parole si calme dans la victoire reposait profondément; on se sentait pénétré d'un sentiment de reconnaissance pour l'héroïque soldat qui venait de sauver la société française à deux doigts de sa perte et qui le constatait si simplement.

Cependant l'émeute tenait encore le fort de Vincennes; il y avait là trois cents gardes nationaux et dix-huit officiers supérieurs, colonels ou chefs de légion, qui, après avoir vainement tenté de fuir par les lignes prussiennes, déclaraient devoir se faire sauter plutôt que de se rendre. Le maréchal Mac-Mahon, sans s'arrêter à ces rodomontades, décida que le siége du fort commencerait immédiatement. Devant cette résolution qu'ils savaient inflexible, les insurgés se rendirent à discrétion.

C'était le dernier mot de cette insurrection formidable, sans précédent, qui avait disposé de quatre cent mille fusils, de deux mille bouches à feu, et de plus de cent mille hommes. Elle était vaincue aux acclamations des Parisiens, qui avaient spontanément pavoisé leurs maisons de drapeaux tricolores et offert aux soldats des témoignages non équivoques de leur satisfaction sans réserve.

Durant les trois ou quatre jours qui suivirent, Paris conserva une physionomie sinistre. Les traces de la guerre et de l'incendie étaient partout : les barricades obstruaient la circulation, le gaz manquait le soir dans certains quartiers ; à neuf heures les rues devenaient désertes, on n'y entendait que la voix des sentinelles ou le pas régulier des patrouilles à pied ou à cheval ; parfois les habitants étaient réveillés par des coups de feu annonçant que des coupables expiaient leur crime. Le plus affligeant, c'était le spectacle morne de nos monuments détruits et des maisons encore fumantes. Des pompiers venus en hâte des grandes villes de la province ; de Bruxelles même et de Londres, tentaient, avec la plus louable énergie, d'arracher au feu une proie à moitié dévorée ; tous les passants, à tour de rôle, étaient requis de faire le service de la pompe, comme ailleurs ils étaient tenus de prêter la main au renversement des barricades. Il ne fallut pas moins de trois jours pour remettre en place les pavés sur les points où la circulation est la plus active et où la gêne se faisait sentir davantage.

A la place Vendôme, la colonne en morceaux gisait sur le sol. Partout des cadavres de fédérés jonchaient le terrain. La population s'effrayait, pour la santé publique, de cet amoncellement de cadavres au sein d'une température très-élevée. Des omnibus durent parcourir la ville pour enlever ces tristes débris.

Les portes de Paris restaient fermées par ordre de l'autorité militaire pour l'entrée, mais surtout pour la sortie. Les arrestations étaient nombreuses; plus d'un des criminels d'hier se décorait audacieusement du brassard tricolore. Le maréchal dut faire défense générale de revêtir non-seulement le brassard, mais l'uniforme même de la garde nationale. Il fut enjoint à tous les habitants de rapporter aux mairies les armes qu'ils détenaient, même celles de luxe, ainsi que tous les objets d'équipement appartenant à l'État. Ce fut à ce moment un spectacle étrange : à toutes les portes de certains quartiers, aux coins des rues, des amas d'armes se rencontraient que personne ne gardait, auxquels des femmes venaient furtivement ajouter qui un fusil, qui un sabre, qui un sac; hier encore, on pillait les corps de garde isolés; pas un aujourd'hui ne songeait à s'emparer de ces armes que personne ne défendait. Les rues aussi étaient jonchées d'effets militaires dont les fédérés qui avaient pu regagner leur logis se débarrassaient prudemment.

Par un décret subséquent la garde nationale parisienne fut dissoute. Elle avait fait son temps. Créée à une époque de défiance contre le pouvoir royal, elle n'avait à aucune époque rendu les services qu'on avait attendus de son institution. Disons plus, instrument aveugle entre les mains des agitateurs, elle n'avait jamais fait que du mal; sans valeur véritable pour défendre le pays en rase campagne, maintes fois elle s'était montrée agressive contre le pouvoir légitime. Son rôle sous la Commune avait enfin ouvert les yeux aux moins clairvoyants.

L'armée occupant Paris, qui était divisé en quatre grands commandements militaires, le calme allait désormais régner, et aux terribles orages qui venaient de bouleverser la patrie allait succéder une sereine, une productive tranquillité. Espérons qu'elle sera de longue durée, et que notre malheureux pays, battu depuis si longtemps par la tempête révolutionnaire, trouvera le port où sa féconde activité puisse désormais se développer en paix.

Félix Pyat.

QUATRIÈME PARTIE.

LES MORTS.

Aucun forfait ne devait manquer à l'histoire de l'insurrection communeuse et le sang des combattants ne devait pas être le seul à couler.

Nous avons dit plus haut que la Commune avait mis la main sur un grand nombre de personnes qu'elle entendait retenir à titre d'otages, afin de se ménager, au cas où elle viendrait à traiter avec Versailles, un moyen d'obtenir des conditions meilleures. Parmi les victimes de cette inqualifiable combinaison on comptait, en outre de la foule des gendarmes, sergents de ville, frères de la Doctrine chrétienne, religieuses ou réfractaires, plusieurs personnages éminents : Mgr Darboy, archevêque de Paris ; l'abbé Deguerry, curé de la Madeleine ; l'abbé Surat, vicaire général; l'abbé Sabatier, vicaire de N.-D.-de-Lorette; les pères Allard, Ducoudray, Clerc, Beuzy, Caubert, Ollivain, de l'Institut d'Arcueil ; M. Bonjean, président de chambre à la Cour de cassation et ancien sénateur ; M. Gustave Chaudey, naguère encore adjoint au maire de Paris et membre du conseil d'administration *du Siècle ;* enfin M. Dubutte, commissaire de police. Tous ces prisonniers étaient enfermés à Mazas, à l'exception de M. Chaudey, qu'à la demande de sa famille on avait transféré à la prison de Sainte-Pélagie, où elle le croyait moins en vue. A la prison de la Santé, dans le faubourg Saint-Jacques, était enfermé M. Claude, chef de la sûreté publique à la préfecture de police, ainsi que deux autres commissaires de police.

Le sort des otages inspirait à toute la France le plus vif intérêt ; leur présence dans les prisons de la Commune rappelait si cruellement les jours néfastes de la première révolution, qu'il n'y avait qu'une voix pour souhaiter leur délivrance. Il paraît établi que M. Washburne, ministre des États-Unis à Paris, et le général de Fabrice, commandant en chef l'armée allemande en France, s'entremirent dans ce but. Le général prussien surtout aurait agi en faveur de l'archevêque, successivement auprès de Cluseret, de Rossel et de Dombrowski. Les deux premiers, à ce qu'il semble, ne purent, malgré leur désir, aboutir à rien. De Dombrowski il aurait obtenu la mise en liberté de mademoiselle Darboy, sœur de l'archevêque, arrêtée en même temps que son frère.

A mesure que la défaite de la Commune devenait plus imminente, le sort des otages devenait plus menaçant. Dans le milieu du mois de mai, il courut sur eux des rumeurs tellement inquiétantes, que les pasteurs protestants de Paris, avec un courage au-dessus de tout éloge, adressèrent à la Commune la lettre suivante :

« Citoyens membres de la Commune,

« A cette heure d'une gravité terrible pour notre ville, pour la France et pour vous-mêmes, consentez à écouter la libre voix d'hommes, vos concitoyens, demeurés à leur poste à Paris, au milieu de tant de souffrances, pour y exercer un ministère de paix, en consolant les affligés, en soignant les blessés et assistant les mourants. Ce qui les fait parler, ce n'est ni motif politique ni esprit de parti : c'est l'humanité, c'est l'honneur de la France, c'est la loi du Dieu de l'Évangile, auquel ils croient et qu'ils prennent à témoin de leur sincérité. Ils osent le dire aussi, c'est leur devoir envers vous ; ils vous doivent de vous dire la vérité telle qu'elle est dans leurs cœurs.

« Citoyens, nous avons frémi à la nouvelle que la

Commune semble résolue d'entrer dans la voie des représailles sanglantes et des exécutions politiques. S'il en est ainsi, ce que nous hésitons à croire, nous nous unissons à ceux qui ont déjà protesté contre un tel dessein, et nous vous supplions de ne pas ajouter à tant de sang versé sur les champs de bataille le sang versé en dehors des combats.

« Punir de mort un otage parce qu'un autre est accusé d'avoir commis un meurtre; frapper, pour le crime d'autrui, si ce crime est prouvé, un homme qui n'a commis aucun délit que les lois ordinaires condamnent, serait-ce justice? Nous le demandons à la conscience de tous les membres de la Commune, ne serait-ce pas plutôt le retour à la barbarie ? Nous vous en supplions, ne permettez pas que le souvenir de tels actes, accomplis à Paris en plein dix-neuvième siècle, vienne se joindre au souvenir d'actes semblables qui ont ensanglanté et assombri l'histoire de la France; ne permettez pas qu'il passe à la postérité attaché à vos noms. Après tant de douleurs et de deuils, accordez-nous plutôt la consolation d'obtenir de vous un acte de justice et de miséricorde, dont le souvenir adoucira un jour celui des luttes sanglantes qui déchirent en ce moment la patrie.

« Plusieurs de nos coreligionnaires étrangers qui sont restés à Paris pendant le siége, et qui ont donné à notre nation la preuve éclatante de leur sympathie envers nos blessés et nos populations affamées, ont voulu signer avec nous cette adresse.

« En vous la présentant, nous obéissons à la voix de notre conscience, qui ne nous permettait pas de nous taire. »

Ce langage si élevé, si humain, fut-il l'objet d'un examen ou d'un débat quelconque au sein de la Commune ? Il est permis d'en douter. Etait-il d'ailleurs susceptible de produire quelque effet au milieu des passions excitées, et quand la direction, on l'a vu plus tard, avait échappé aux mains de la Commune pour passer entre celles du Comité de salut public, c'est-à-dire de deux ou trois individus implacables ? Du reste, le lendemain du jour où la lettre des pasteurs avait été remise, l'armée de Versailles était dans Paris.

Parmi les membres de la Commune, deux principalement n'avaient cessé de faire paraître contre les prisonniers, surtout contre l'un d'eux, un acharnement de mauvais augure. C'étaient Delescluze et Raoul Rigault. Ce dernier répétait souvent : « Quoi qu'il arrive, nous ne laisserons pas Chaudey vivant.» Delescluze redoutait dans M. Chaudey un homme mis par Proudhon au fait d'un vol que lui, Delescluze, avait commis, dans sa jeunesse, au préjudice d'un avoué dans l'étude duquel il était employé ; il ne pouvait donc être clément pour le prisonnier. Aussi, le 21 mai, quand il n'était plus possible de douter de l'entrée de l'armée dans Paris, Delescluze remit à Rigault l'ordre suivant :

« COMMUNE DE PARIS.

« *Direction de la sûreté générale.*

« Le citoyen Raoul Rigault est chargé, avec le citoyen Régère, de l'exécution du décret de la Commune de Paris relatif aux otages.

« Paris, 2 prairial an 79.

« DELESCLUZE, BILLIORAY. »

C'était l'arrêt de mort des otages. Pendant la durée de son pouvoir, la Commune avait fait fusiller ou laissé fusiller un grand nombre de malheureux, dont on ne saura jamais le nom, ni le nombre. A la Préfecture de police, à l'Hôtel de Ville, aux Tuileries, comme à la caserne de la place Lobau, il y eut fréquemment des exécutions sur lesquelles il nous est impossible de fournir aucune donnée positive. Mais le *Siècle*, dont M. Chaudey était le collaborateur, a publié, par la plume de M. Frédéric Thomas, son confrère et son ami, un récit des derniers jours et de la mort de cet infortuné.

« Nous avons recueilli, dit M. Frédéric Thomas, quelques détails sur l'assassinat dont Gustave Chaudey a été victime. On n'a pas oublié dans quelles circonstances eut lieu son arrestation dans les bureaux du *Siècle* le 13 avril. Conduit à la prison de Mazas, il y fut étroitement gardé pendant plusieurs jours dans le secret le plus absolu. Son ami, M. Henri Cernuschi, se rendit à la Commune pour faire lever cette rigoureuse interdiction, et obtenir pour madame Chaudey et pour lui-même l'autorisation de voir le prisonnier. Raoul Rigault, auquel il fallut d'abord s'adresser, ne se contenta pas d'être inflexible; il se montra d'une cruauté provocante. Cette inqualifiable attitude révolta l'ami du détenu, qui fit entendre des protestations indignées. Raoul Rigault sortit sans répondre. Protot survint. Celui-ci fut moins intraitable; il promit d'accorder le lendemain la permission demandée, ce qu'il fit. M. Rousse, bâtonnier de l'ordre des avocats, reçut aussi sur sa demande un permis de communiquer avec le détenu de la Commune.

« Gustave Chaudey fut interrogé par Rigault, et, la tête haute, il ne chercha ni détour ni excuse; il se glorifia au contraire du crime d'avoir accompli son devoir. Dès ce jour son sort fut décidé dans l'esprit de ses impitoyables ennemis. Il ne leur restait plus qu'à organiser un simulacre de jugement qui n'aurait été que l'hypocrisie de leur féroce iniquité. Toutefois, ce jour était différé, et on croyait que gagner du temps, c'était s'éloigner de la mort.

« M. Cernuschi, toujours préoccupé du sort de son ami, accueillit la proposition d'une promesse de liberté pour Chaudey et tous les otages si le Pouvoir exécutif accordait celle de Blanqui. Il se rendit aussitôt à Versailles et obtint de M. Thiers, non l'élargissement de Blanqui, mais la permission pour sa sœur de lui rendre visite dans la prison de Cahors. Ce résultat fit accorder par la Commune le transfèrement de Gustave Chaudey de la prison de Mazas à celle de Sainte-Pélagie. Sainte-Pélagie n'était pas la geôle des otages. C'était donc procurer à Chaudey une chance d'échapper à ses assassins et d'être oublié par leur vengeance.

« Le 22, la veille de la mort de notre cher collaborateur, la guerre civile était dans sa plus grande conflagration. M. Cernuschi, se rendant à travers les barricades à Sainte-Pélagie, fut arrêté par un sergent fédéré qui parlait de le fusiller sur-le-champ. Il obtint à grand'peine d'être conduit à la mairie de Saint-Sulpice, où l'officier le salua de ces mots : « Ah ! vous êtes M. Cernuschi, rédacteur du *Siècle!* Votre affaire sera bientôt faite, car votre journal nous a fait plus de mal que tous les autres. » Après le débat qu'on s'imagine, l'officier consentit à surseoir à l'exécution et à faire conduire M. Cernuschi à la Commune; mais l'accès de l'Hôtel de Ville était interdit à tout le monde, et il fallut se rabattre sur le commissaire de police du quartier, qui, après de nouvelles péripéties, donna une carte qui permit enfin à M. Cernuschi d'arriver à Sainte-Pélagie. Les deux amis purent se voir encore une fois. Ni l'un ni l'autre ne se doutait alors que c'était leur dernier entretien. Un moment avant, madame Chaudey sortait de la cellule de son mari qu'elle visitait aussi pour la dernière fois.

« Les deux jours qui suivirent le 23 et le 24 mai, il fut impossible à M. Cernuschi de passer à travers les combattants pour se rendre à Sainte-Pélagie; mais le 25, en faisant de grands détours et à travers mille difficultés, il parvint de nouveau à la prison. Le prisonnier avait été fusillé l'avant-veille par l'ordre et sous les yeux de Raoul Rigault. Le procureur de la Commune s'était présenté à onze heures du soir et avait fait descendre Chaudey, auquel, sans autre préparation, il avait dit :

« — Je vous annonce que vous êtes à votre dernière heure.

« — Comment! vous voulez donc m'assassiner? répondit Chaudey.

« — On va vous fusiller, répliqua l'autre, et tout de suite.

« Mais les gardes nationaux du poste, qu'il requit d'abord, se refusèrent à cette odieuse besogne, et il alla lui-même hors de la prison chercher des bourreaux plus dociles. Il les trouva. Le prisonnier fut mené devant eux. Raoul Rigault tirant son épée pour donner le signal, les fusils partirent, et Chaudey tomba. Les balles avaient porté trop haut. Chaudey n'était que blessé. Un sergent l'acheva en lui déchargeant dans l'oreille deux coups de revolver. »

Ainsi périt un citoyen auquel on ne pouvait reprocher que d'avoir accompli son devoir. Le lendemain 24, ce fut le tour des otages. En prévision d'une attaque des Versaillais, les otages avaient, de Mazas où ils étaient détenus, été transférés à la Roquette. Le trajet avait eu lieu dans une voiture de déménagements, en travers de laquelle, en guise de banquettes, on avait placé des planches. Escortée par une troupe d'hommes ivres, la charrette dut traverser la multitude armée qui proférait les plus grossières injures contre les prêtres.

« Mgr Darboy, écrit un témoin oculaire, occupait la cellule n° 21 de la 4e division, et je me trouvais à quelque distance de lui, dans la cellule n° 26. La cellule occupée par le respectable prélat était autrefois

MILLIÈRE.

le cabinet d'un surveillant. Ses compagnons de captivité étaient parvenus à lui procurer une table et une chaise.

« Le mercredi 24 mai, à sept heures et demie du soir, le directeur de la prison, un certain Lefrançais, ayant séjourné six années au bagne, monta dans la prison à la tête de cinquante fédérés, et occupa la galerie dans laquelle étaient enfermés les prisonniers principaux. Ces fédérés se rangèrent dans la galerie qui conduit au chemin de ronde du nord, et, peu d'instants après, un brigadier de surveillants alla ouvrir la cellule de l'archevêque et l'appela à voix basse. Le prélat répondit : *Présent !* Puis il passa à la cellule de M. le président Bonjean ; puis ce fut le tour de M. l'abbé Allard, membre de la Société internationale des secours aux blessés ; du P. Du Coudray, supérieur de l'école Sainte-Geneviève, et du P. Clerc, de la Compagnie de Jésus ; enfin, le dernier appelé fut l'abbé Deguerry, le curé de l'église de la Madeleine. A peine leur nom était-il prononcé, que chacun des prisonniers était amené dans la galerie et descendait l'escalier conduisant au chemin de ronde ; sur les deux côtés, autant qu'il me fut permis de le juger, se tenaient les gardes fédérés, insultant les prisonniers et leur lançant des épithètes que je ne puis reproduire.

« Mes infortunés compagnons furent ainsi accompagnés par les huées de ces misérables jusqu'à la cour qui précède l'infirmerie ; là, il y avait un peloton d'exécution. Mgr Darboy s'avança, et, s'adressant à ses assassins, il leur adressa quelques paroles de pardon ; deux de ces hommes s'approchèrent du prélat, et, devant leurs camarades, s'agenouillèrent et implorèrent son pardon ; les autres fédérés se précipitèrent vers eux et les repoussèrent, en les insultant ; puis se retournant vers les prisonniers, ils leur adressèrent de nouvelles injures. Le commandant du détachement en fut outré ; il fallait donc que ce fût bien exagéré. Il imposa silence à ses hommes, et après avoir lancé un épouvantable juron... Vous êtes ici, dit-il, pour fusiller ces gens-là, et non pas pour les eng...... Les fédérés se turent et, sur le commandement de leur lieutenant, ils chargèrent leurs armes.

« Le P. Allard fut placé contre le mur et fut le premier frappé ; puis Mgr Darboy tomba à son tour. Les six prisonniers furent ainsi fusillés, et montrèrent tous le plus grand calme et le plus grand courage. »

Le vendredi soir, quinze prisonniers, parmi lesquels se trouvaient le P. Ollivain, de la Compagnie de Jésus, eurent le même sort. Le peloton d'exécution, composé de trente hommes, avait été fourni par les 181e et 206e bataillons de la garde nationale. Les corps des victimes furent transportés, les uns à la mairie du Père-Lachaise, les autres à celle du 20e arrondissement. C'est là que fut retrouvé celui de Mgr Darboy : il était percé de deux balles, dont l'une avait broyé sa main droite. Son cadavre, dépouillé de ses vêtements sacerdotaux, avait été outrageusement mutilé.

Tous ces martyrs, vieillards ou jeunes hommes, étaient restés impassibles devant la mort.

Au nombre des otages, se trouvait, nous l'avons dit plus haut, un commissaire de police, M. Dubutte; il devait être fusillé le même jour que l'archevêque; une erreur de nom le sauva. Le soir, le gardien lui fit savoir qu'il aurait son tour le lendemain. On l'oublia de nouveau. Le surlendemain, la porte de son cachot fut ouverte par un homme de mauvaise mine qui lui cria :

— Nous sommes libres. F...... le camp.

M. Dubutte hésitait. Il ne comprenait pas que la Commune venait de mettre en liberté tous les détenus pour délits de droit commun. Cependant il sortit. Dans le couloir, tout le monde fuyait. Il fit comme tout le monde. Sur son chemin, il rencontra un prêtre qui, embarrassé de sa soutane, criait : « Par pitié ! une redingote ! une blouse ! » M. Dubutte avait un pardessus. Tout en courant, il le quitta, le jeta à l'ecclésiastique, puis, sans attendre un remerciement, s'élança dehors et parvint à une barricade où il put se faire reconnaître. Plus tard, il apprenait que sa charité avait été inutile, et que le malheureux prêtre auquel il avait abandonné son pardessus, reconnu par un garde national, avait été tué impitoyablement.

L'arrivée des troupes délivra d'autres prisonniers qui n'avaient pu fuir. M. Guérin, supérieur des Missions étrangères; M. Perny, missionnaire, et M. l'abbé Petit, échappèrent ainsi aux exécuteurs. M. Lamazou, vicaire à la Madeleine, et un certain nombre de ses compagnons, gendarmes ou anciens sergents de ville, durent à leur résolution et à leur présence d'esprit d'être préservés : avec l'aide d'un gardien nommé Pinet, qui avait ouvert leurs cellules, ils s'étaient barricadés dans la partie de la prison qu'ils occupaient, s'armant de tout ce qui leur était tombé sous les mains, et décidés à défendre énergiquement leur vie.

Le gouvernement, dans une relation officielle, a porté à soixante-quatre le nombre des otages qui furent fusillés : nous avons des raisons de penser que la seule prison de la Roquette a dû voir tomber plus de quatre-vingt-dix victimes. Parmi elles s'est trouvé le président Bonjean, ancien sénateur, dont le caractère ferme et doux tout ensemble était à la hauteur de tous les périls ; faible de corps, mais fort d'âme, il mourut avec le calme héroïque d'un soldat habitué à braver la mort.

M. Claude, chef du service de la sûreté, fut plus heureux : il était, nous l'avons dit, enfermé dans la prison de la Santé avec deux commissaires de police ; tous trois furent mis en liberté par le 85e de ligne, après avoir subi, durant leur captivité, des traitements odieux de leurs gardiens, parmi lesquels étaient des assassins bien connus ou des voleurs de profession. Des religieuses incarcérées à Mazas, à Saint-Lazare et à la Santé purent être également délivrées par les troupes.

Cent cinquante otages de la Commune, parmi lesquels se trouvait le prince russe Galitzin, arrêté on ne sait pour quel motif, étaient détenus à la Préfecture de police, lorsque, le 24 mai, Ferré, délégué à la sûreté générale, envoya l'ordre de les fusiller. L'incendie qui éclata au même moment dans le bâtiment, jetant le désordre et la confusion dans tout le personnel, empêcha seul l'exécution de cet ordre sanguinaire. Raoul Rigault, procureur de la Commune, avait d'ailleurs imaginé un autre moyen de faire périr ces prisonniers : c'était de les envoyer combattre contre les troupes de Versailles. Ils refusèrent avec indignation, et se sauvèrent rue de Harlay où, depuis onze heures jusqu'à cinq, ils restèrent exposés aux balles des combattants et aux atteintes du feu. Déjà les flammes les menaçaient dans leur refuge, lorsqu'un détachement du 79e de ligne vint les délivrer.

On n'en finirait pas si l'on voulait raconter le sort de tous les malheureux sur lesquels la Commune mit sa main souillée de sang dès le premier jour. Nous ne pouvons cependant omettre les Dominicains. On sait que ces savants religieux dirigeaient un collége à Arcueil. Des escouades des 101e et 120e bataillons de la garde nationale, commandées par Millière, vinrent les y chercher le 19 mai pour les déposer au fort de Bicêtre, emmenant aussi le personnel laïque de la maison, en tout vingt-quatre personnes. Ces infortunés restèrent là deux jours, sans nourriture, en butte à des menaces et à des injures incessantes. Le 25, les gardes nationaux, évacuant le fort, relâchèrent une partie de leurs prisonniers et ramenèrent les autres à Paris. Là, en conformité des ordres qu'ils recevaient, ils fusillèrent ceux-ci l'un après l'autre, dans une impasse située près de la barrière d'Italie. Cinq Dominicains périrent ainsi : les pères Captier, Cothereau, Bourard, Delhorme, Chateigneran ; deux professeurs civils : MM. Volant et Gauquelin, et cinq domestiques. Le père Captier était une des lumières de son ordre; il mourut en priant et en exhortant ses compagnons à bien mourir. L'abbé Grancolas, après avoir essuyé le feu, put se soustraire à la mort en se réfugiant chez une femme qui le fit partir sous les vêtements de son mari.

Ce fut un des derniers crimes de la Commune, puisqu'enfin l'heure de sa chute était venue.

CINQUIÈME PARTIE.

CE QU'IL EST ADVENU DES MEMBRES DE LA COMMUNE.

Nous ne voulons pas clore ce récit sans jeter un dernier coup d'œil sur les hommes qui ont fait partie de la Commune ou du Comité central, et sans dire le sort qu'ils ont eu.

Henri Rochefort a été arrêté à Meaux, à la veille de l'entrée des troupes ; il se sauvait de Paris, ne s'y croyant plus en sûreté dès que l'autorité légitime reprenait sa place. L'auteur de la *Lanterne*, le rédacteur en chef du *Mot d'ordre*, l'ami de Flourens, l'écrivain sans foi, mais non sans fiel, qui n'avait cessé d'exciter les passions populaires contre l'ordre social, ne se montra pas à la hauteur de son audace de boulevardier, lorsqu'un commissaire de police, malgré son déguisement fantaisiste et malgré ses protestations indignées, vint l'arrêter alors qu'il descendait d'un vagon de chemin de fer. La pâleur de son visage témoigna assez de la vive émotion qu'il ressentit en cet instant. Ses forces ne lui permettant pas de marcher, on dut le faire monter dans une voiture qui le transporta sans délai à Versailles. Là, il fut livré à l'autorité militaire, qui instruit son procès. A l'heure où nous écrivons, les conseils de guerre n'ont pas encore statué.

Assi, l'agitateur du Creusot et l'un des organisateurs du Comité central, avait activement coopéré à l'insurrection du 18 mars. Il fut arrêté dans la nuit du 22 au 23, aux environs de l'ancien Opéra. Faisant une ronde de nuit, il s'était fourvoyé dans les avant-postes de l'armée. Un factionnaire, sans le connaître d'ailleurs, ne voyant en lui qu'un officier de l'insurrection, le laissa s'approcher. Puis, tout d'un coup, lorsqu'il fut à sa portée, il croisa la baïonnette, en criant : Qui vive !

— Vous auriez dû crier plus tôt, et me tenir à distance, répondit sévèrement Assi, croyant avoir affaire à une de ses sentinelles.

Mais, sur un appel du soldat, il fut entouré, saisi et désarmé.

Le mardi matin, on le conduisit à Versailles, à la

tête d'un convoi de prisonniers et au milieu d'une foule qui ne lui ménageait ni les railleries ni les reproches. Le même jour, il était interrogé par un commissaire de police, aux questions duquel il répondit à peine. Dans les interrogatoires suivants il garda la même attitude, se bornant à réclamer une médaille saisie sur sa personne : cette médaille était attachée au bout d'un ruban de soie rouge à liséré orange et portait sur une face des signes maçonniques avec la devise : *Liberté*, *égalité, fraternité ;* sur l'autre, ces mots : *Comité central de la garde nationale*, 1871.

Lullier, ancien officier de marine, signalé, dès 1870, par ses nombreux démêlés avec la justice, avait été successivement amiral de la flottille des canonnières et commandant supérieur des bataillons de fédérés. Sa qualité d'officier de l'armée française avait été pour beaucoup dans l'influence prépondérante qu'il avait prise au 18 mars. Suspecté par ses collègues de la Commune, il s'était vu successivement enlever ses fonctions, et à plusieurs reprises on l'avait arrêté. Il parut en avoir gardé rancune, et il prêta, dit-on, l'oreille aux propositions du gouvernement de Versailles ; suivant cette version, il aurait promis de livrer, morts ou vifs, tous les membres de la Commune et de mettre ainsi fin à l'insurrection ;

le complot n'aurait échoué que parce qu'on aurait tardé à lui compter la somme d'argent qu'il stipulait pour ses adhérents. Quoi qu'il en soit, arrêté et conduit à Versailles, le conseil de guerre devant lequel il fut traduit l'a condamné à la peine de mort.

Le général Dombrowski eut une fin tragique. Chargé de la défense des buttes Montmartre, il s'était avancé contre les troupes de Versailles dans la direction de la gare du Nord. Contraint de reculer, il se plaça, avec les hommes qu'il commandait, derrière une barricade construite à l'angle formé par la rue Myrrha et le boulevard Ornano. Mais l'attaque impétueuse des troupes épouvantant les défenseurs de la position, malgré les objurgations réitérées de leur général ils s'enfuirent de tous côtés et le laissèrent seul avec quelques officiers. Ne voulant pas lâcher pied comme ses soldats, il s'élança sur le sommet de la barricade dans l'intention évidente de se faire tuer. Il ne tarda pas à être atteint par les projectiles et tomba. Ses aides de camp purent emporter son corps avant que les assaillants eussent franchi l'amas de pavés et de meubles qui formait la barricade. Dombrowski n'était pourtant que blessé. On le transporta d'abord à la mairie du onzième arrondissement, puis à l'hôpital de Lariboisière. C'est de là, s'il faut en croire une version accréditée, qu'il écrivit au général allemand Fabrice, à Saint-Denis, pour lui rappeler les efforts qu'il avait tentés pour faire rendre la liberté à l'archevêque de Paris, le sollicitant de faciliter sa fuite sur la Belgique par les lignes prussiennes. Cela lui fut refusé. La blessure de Dombrowski, d'ailleurs, était mortelle. Il expira le mardi soir. Dans la nuit, son chef d'état-major transporta son corps à l'Hôtel de Ville, où on le déposa dans une petite salle des anciens appartements du préfet de la Seine. Là, un dessinateur, Pilotell, fusillé depuis comme complice de la Commune, fit son portrait au crayon. A minuit, le brigadier Cheron, du 254e bataillon de la garde nationale, vint, avec des ambulanciers, enlever les restes du général pour les porter au Père-Lachaise. L'inhumation eut lieu le lendemain. Un journal, *le Tricolore*, en a retracé le tableau :

« Le cadavre était exposé sur un brancard incliné; il était revêtu de la capote polonaise; les jambes étaient enveloppées d'un linge. Un cercueil en chêne était préparé; on prit les couvertures de deux gardes nationaux présents, on les mit au fond du cercueil, et on déposa le cadavre enveloppé dans un drapeau rouge. Puis le commandant Brunereau fit entrer les artilleurs, les marins, les cavaliers et tous ceux qui étaient de garde au cimetière ; chacun déposa, en pleurant, un baiser sur le front du cadavre, puis la bière fut vissée. On la porta à bras jusqu'à un caveau vide, où on la déposa, après que le frère de Dombrowski eût écrit quelques mots au crayon sur le couvercle.

« Le citoyen Vermorel, membre de la Commune, prit la parole et s'exprima avec une rage concentrée, non pas contre l'armée régulière, mais contre cette horde d'ivrognes et de lâches, qui, la veille encore, accusaient leur chef de trahison, et qui le laissèrent seul sur la barricade de la rue Myrrha, où il trouva la mort. Il rappela quelques détails biographiques sur celui qui, quoique étranger, avait embrassé si chaleureusement la cause de la Commune.

« Ce discours est une confession mortuaire, un examen de conscience de Vermorel ; il accuse la Commune, ses défenseurs et lui-même, pour ne laisser intacte qu'une seule mémoire.

« Ce réquisitoire serait un pendant à la fameuse lettre de Rossel, et servirait à l'édification des historiens, s'il avait pu être conservé. La scène était grandiose : le canon grondait, le pétillement de la fusillade éclatait aux environs ; tous les assistants étaient sous une impression indescriptible : le découragement était sur tous les visages : aucun ne se faisait plus d'illusions sur l'issue de la lutte. »

Quel sort a atteint Jules Miot, ancien pharmacien, ancien représentant du peuple, l'orateur qui a salué la chute de la colonne Vendôme? Jusqu'à présent on l'ignore. Orateur populaire d'un extérieur imposant, homme remuant, tempérament organisé pour la lutte, ayant passé une partie de sa vie en prison, il n'avait pas sa place dans une société laborieuse et paisible.

Raoul Rigault, le procureur de la Commune, l'assassin de M. Gustave Chaudey, le sybarite qui dépensait, aux frais de la Commune, soixante-dix francs par repas, fut tué dans l'après-midi du 24. Quoiqu'il fût censé habiter la Préfecture de police, il passait la nuit, le plus souvent, au domicile d'une comédienne infime, rue Gay-Lussac. C'est au moment où il s'y réfugiait et où il attendait, après avoir sonné, qu'on vînt lui ouvrir la porte, qu'il fut aperçu par un détachement d'infanterie débouchant de la rue des Feuillantines. Le costume de chef d'escadron d'état-major que portait Rigault le désignait suffisamment aux soldats. Ils firent feu, mais sans l'atteindre. La porte de l'hôtel ayant alors été ouverte, il s'y précipita. Mais les soldats, entrés presqu'en même temps que lui, fouillèrent la maison de haut en bas. Raoul Rigault fut bientôt découvert et se laissa emmener. On le conduisait à la prévôté du Luxembourg, quand, soudain, près de la rue Royer-Collard, il se mit à crier : « Vive la Commune ! » et chercha à s'enfuir. Les soldats le poussèrent contre un mur et le fusillèrent. L'officier qui commandait le détachement, montrait, en descendant la rue Soufflot, comme un trophée, la carte de l'ex-procureur de la Commune, qui venait de recevoir la juste punition de ses crimes. Fruit sec de l'École de droit, n'ayant d'autre notoriété, avant le 18 mars, que celle qu'il avait acquise dans les mauvais lieux du quartier latin, Raoul Rigault n'était doué d'aucun sentiment élevé ou généreux.

Charles Delescluze était un autre homme, et il était digne de finir autrement. On n'a qu'un détail sur sa mort, c'est qu'il fut tué le jeudi 25, en concourant à la défense de la barricade du Château-d'Eau. Son corps y fut relevé souillé de boue, avec une affreuse brûlure au cou, produite par la chute d'une poutre enflammée.

« Il était vêtu, dit le *Moniteur universel*, d'un pantalon gris, d'un pardessus de nuance foncée, d'un gilet noir, d'une chemise très-fine, et chaussé de bottes vernies. Son chapeau noir, de haute forme, gisait à côté de lui, ainsi qu'une canne contenant une forte et large lame de poignard. Un détail assez bizarre : sa poitrine était, sous son linge, protégée par une peau de lapin. La personne chargée de le fouiller et de laquelle nous tenons ces détails, a trouvé sur lui une montre d'argent, arrêtée à 10 heures 17 minutes, des gants de peau noirs, un mouchoir ensanglanté, marqué des initiales C. D. (Charles Delescluze) et des pièces, au nombre de quinze, ne laissant aucun doute sur l'identité du cadavre. Ces pièces se composent d'un laisser-passer délivré au nom du citoyen Delescluze, de lettres des généraux La Cécilia et Dombrowski, et de divers ordres signés de lui, relatifs à l'artillerie, aux distributions de pétrole, aux édifices et quartiers destinés à être incendiés. »

Le *Figaro* a publié deux lettres, reçues par Delescluze, pendant qu'il était délégué à la guerre, et qui, d'après ce journal, figurent parmi les pièces dont il vient d'être parlé. Voici ces lettres :

« Paris, 16 mai 1871, 7 h. du soir.

« Citoyen Delescluze, une citoyenne qui vous est toute dévouée, a une communication des plus sérieuses à vous faire ; seulement, comme elle ne veut la faire qu'à vous seul, elle vous prie de garder le secret le plus absolu sur la réception de ces quelques lignes, et vous prie instamment de vous trouver, demain mercredi 17, rue Neuve-des-Petits-

Champs, au n° 48, sous la porte d'entrée des bains Ventadour. Vous aurez l'air de flâner, et on ne fera pas attention à vous ; trouvez-vous là à quatre heures ; peut-être attendrez-vous cinq ou six minutes au plus. Une voiture s'arrêtera devant vous et vous monterez. Soyez sans aucune crainte ; la personne qui a à vous parler sera seule. Ayez une fleur quelconque à votre boutonnière du côté gauche, pour que le cocher puisse vous apercevoir de suite. Surtout, de la discrétion. Pas un mot de tout ceci à votre entourage.

« A vous de tout cœur.

« Jeanne LACASSIÈRE. »

« *P. S.* Brûlez ceci. »

« Monsieur Delescluze,

« Une vaste conspiration s'organise contre vous parmi vos collègues et même ceux que vous croyez vos amis. Si le fer ne peut agir, on emploiera le poison. Méfiez-vous surtout de Vermorel.

« UNE AMIE DÉVOUÉE. »

Régère, l'ami de Félix Pyat, était, en même temps que membre de la Commune, délégué à la mairie du 5e arrondissement. Il s'y était fait remarquer par son exaltation constante. Presque chaque jour, du haut du perron de la mairie, il haranguait les fédérés de garde en cet endroit. C'est lui qui avait fait proclamer l'avénement de la Commune sur la place du Panthéon, au bruit de quatre pièces de canon qui brisèrent les vitres des maisons du quartier. Singulier exemple du peu d'équilibre du caractère de cet homme : il consentait à siéger au milieu de collègues qui se faisaient gloire d'être matérialistes, et, la veille du jour de l'entrée des troupes, il assistait, dans l'église Saint-Étienne-du-Mont, un de ses enfants faisant sa première communion. Après la victoire de l'Assemblée, il s'était caché ; mais sa retraite fut découverte et il fut conduit à Versailles.

Lefrançais trouva la mort dans la cour de la mairie du 3e arrondissement, rue de la Banque.

Ulysse Parent, arrêté à son domicile, fut traduit devant le conseil de guerre.

Varlin, délégué aux finances ainsi que Jourde, fut arrêté à Montmartre. Entraîné, par une foule irritée, rue des Rosiers, il fut fusillé dans l'endroit même où les généraux Lecomte et Clément Thomas avaient été lâchement assassinés.

Jourde fut plus heureux. Découvert par les agents de la Préfecture, il fut conduit au Palais du Luxembourg, où siégeait une prévôté. Celle-ci, ne voulant pas prononcer sur le sort de ce coupable, le fit conduire dans les prisons de Versailles.

Tridon, qui parvint à s'échapper de Paris, mourut quelque temps après à Bruxelles.

Quoique ne faisant pas partie de la Commune, Millière avait accepté, dans le quartier du Panthéon, une des trois citadelles de la Commune, le commandement des incendiaires, hommes et femmes. Après le combat, il fut arrêté chez son beau-père, rue d'Ulm. Trouvé dans l'armoire où il s'était blotti, l'ancien député de Paris à l'Assemblée nationale tira plusieurs coups de revolver sur les soldats avant de se laisser arrêter. Conduit au Luxembourg et condamné par la prévôté qui y siégeait, il fut ramené au Panthéon, sur la place duquel, quelques jours avant, il avait fait mettre à mort plusieurs réfractaires. L'officier qui commandait le peloton d'exécution plaça Millière sur les marches du péristyle, où bientôt il tomba foudroyé. C'était une individualité peu sympathique : Rochefort l'avait dénoncé comme caissier infidèle, et ses mœurs étaient détestables.

S'il faut en croire divers récits, Vallès, le docteur Parisel, Andrieux, Babick, Cluseret, Bousquet et Viard auraient été également fusillés; mais aucune constatation n'est venue jusqu'à ce jour confirmer ou infirmer le fait.

Napias-Piquet fut passé par les armes au coin des rues du Roule et Saint-Honoré. Les habitants de ces rues accrochèrent, pendant quelques jours, le paletot de ce membre de la Commune avec une étiquette rappelant et son titre et sa fin.

Mathieu fut mis à mort, le 24 mai, sur le Pont-Neuf, contre le socle de la statue d'Henri IV, par des gardes nationaux qui l'accusaient de les avoir trahis.

Le commandant Painchaud, chef du bataillon des éclaireurs Bergeret, qui, durant son séjour au Palais-Bourbon, avait dévalisé le logement d'un employé supérieur de l'Assemblée nationale, dans lequel il s'était installé, fut également fusillé.

Gaillard père, l'organisateur des barricades, mourut de ses blessures au camp de Satory. Durassier, commandant de la flottille fédérée, finit de la même manière à l'ambulance du palais de l'Industrie.

Le peintre Gustave Courbet, Vermorel, qui plus tard mourut de ses blessures, le ridicule Paschal Grousset, délégué aux relations extérieures, Trinquet, Verdure, Decamps, Dacosta, Urbain, le colonel Rossel, ont été successivement arrêtés après la bataille. Rossel habitait dans le faubourg Saint-Jacques. Il s'était blanchi les cheveux avec de la poudre de riz et refusa longtemps d'avouer son nom à M. Claude, chef de la sûreté, qui avait découvert sa retraite. Paschal Grousset fut trouvé, costumé en femme, avec chignon et robe traînante, par M. Duret, commissaire de police. Tous ces personnages furent déposés à Versailles.

Léo Meillet, qui cumulait les fonctions de membre du Comité de salut public, de commandant du fort de Bicêtre et de délégué à la mairie du treizième arrondissement, a été sauvé par un membre de l'Assemblée nationale, M. Turquet, député de l'Aisne, arrêté aux environs du 18 mars, en même temps que le général Chanzy, et qui, paraît-il, avait été rendu à la liberté grâce aux efforts du membre de la Commune.

Bergeret, qui commandait les troupes de la Commune au point de Neuilly, ainsi que Félix Pyat, l'apôtre de l'assassinat, ont réussi jusqu'à ce jour à se soustraire aux poursuites. On pense que ce dernier est parvenu à quitter Paris. Sa fuite n'a surpris personne ; chacun avait prédit à l'avance qu'il disparaîtrait au bon moment.

Theisz, délégué aux postes, qui a sauvé de l'incendie l'hôtel des Postes ; Beslay, délégué à la Banque, dont les efforts ont préservé notre grand établissement financier contre les convoitises des insurgés, n'ont pas été inquiétés et ont pu passer à l'étranger.

Toute cette bande de journalistes obscurs, sans talent, qui soutenaient la Commune dans leurs abjects journaux, Maroteau, Vermesch, auteur du *Père*

Duchêne, Casimir Bouis, d'autres encore, est également à Versailles.

Voici, au surplus, un récit emprunté aux journaux qui complétera nos renseignements :

« Alors que l'on se battait encore à Belleville, dimanche matin, Gambon, Géresme, les deux Ferré, Lacord et d'autres membres de la Commune, s'étaient retirés à la mairie du vingtième arrondissement, escortés par une garde d'honneur composée d'une quarantaine de gardes nationaux et de quinze enfants de quatorze à seize ans, impuissants à porter leur fusil, auxquels ils avaient mis un képi à liséré jaune et donné un fusil et des balles, en leur disant : « Vous tirerez sur qui nous vous dirons, et quand nous vous le dirons. » Ils portaient avec eux le dernier drapeau rouge qui flottât encore dans Paris. Gambon était le seul qui eût les insignes de la Commune à sa boutonnière ; il avait même placé sur le ruban frangé d'or une tête de Liberté, encadrée dans le triangle maçonnique en argent.

« A onze heures, on vint les prévenir que leurs derniers partisans étaient vaincus sur tous les points, et que les troupes régulières s'avançaient pour occuper la mairie du vingtième arrondissement. Ils n'eurent que le temps de se sauver, emportant leur drapeau ; ils descendirent vers le boulevard exté-

Raoul Rigault.

rieur, qu'ils traversèrent, èt ne s'arrêtèrent qu'à la rue Fontaine-au-Roi, au numéro 32, faisant le coin de la rue Parmentier, dans un restaurant où ils se firent servir un frugal déjeuner, le brouet spartiate. Les enfants trouvés restèrent à la porte, les gardes furent envoyés en éclaireurs ; un clairon devait donner le signal si « l'ennemi » approchait.

« Tout en mangeant, les membres de la Commune délibéraient ; tous étaient pour la résistance. Gambon seul parlait de se rendre. A deux heures et demie, ils descendirent dans la rue. La majorité s'étant prononcée pour la résistance, les membres de la Commune, aidés des enfants trouvés, de quelques mégères et communards du quartier, se mirent à l'œuvre, et un semblant de barricade commença à s'élever. Au bout de quelques instants, le clairon se fit entendre ; on se mit à la recherche des gardes, ils avaient tous cru prudent de se cacher. C'est alors que Gambon monta sur la barricade : « J'ai passé trente années de ma vie, dit-il, à me sacrifier pour la République et la liberté ; j'ai tout donné au peuple, et le peuple aujourd'hui m'abandonne ; j'ai fait le sacrifice de ma vie pour des lâches qui fuient le danger lorsqu'il se présente en face. Je jure bien que, si j'en réchappe, je ne donnerai plus un instant de ma vie, une de mes pensées à ces hommes. Citoyens, la grande cause est encore une fois perdue ; la Commune est tuée par ceux qui avaient juré de la faire triompher ou de mourir, et qui n'ont pas su la défendre. »

« Ses compagnons lui arrachèrent alors ses insignes de membre de la Commune et lui enlevèrent le képi qu'il portait, afin qu'on ne le reconnût pas. Le clairon envoya un nouveau signal ; le drapeau rouge fut placé sur la barricade à peine ébauchée, les armes furent jetées à terre, et tous s'enfuirent.

« Ainsi finit la Commune, dispersée, écrasée, noyée dans le sang répandu par sa faute et sa volonté, morte au milieu de circonstances tragiques sans précédent dans l'histoire des nations civilisées. »

Il ne nous reste, pour terminer, qu'à rappeler que des conseils de guerre furent institués à Versailles pour juger les trente mille prisonniers faits pendant ou après la lutte. Ces prisonniers avaient été déposés dans les prisons de la ville, ou transportés sur des pontons dans les différents ports de mer de l'Océan, et là on les avait classés suivant le poste qu'ils avaient occupé dans l'insurrection ou la part active qu'ils y avaient prise. Au moment où nous écrivons, ces conseils de guerre ont commencé à tenir leurs audiences, et le troisième, qui avait à juger les membres de la Commune, a rendu, après plus de vingt séances consacrées à l'interrogatoire des prévenus,

La rue de Lille pendant l'incendie.

à l'audition des témoins et aux plaidoiries des défenseurs, le jugement dont voici le résumé :

Les questions qui concernent les accusés sont posées dans l'ordre suivant :

Ferré, Assi, Urbain, Billioray, etc., sont-ils coupables :

1° D'attentat contre le gouvernement;

2° D'attentat ayant pour but d'exciter à la guerre civile;

3° D'avoir levé des troupes armées sans ordre ni autorisation de l'autorité légitime ;

4° D'usurpation de titres et fonctions;

5° De complicité d'assassinats;

6° De complicité dans l'incendie des édifices publics et lieux habités ;

7° De complicité dans la destruction des propriétés particulières ;

8° De complicité dans la destruction des monuments publics ;

9° D'arrestations arbitraires et séquestration de personnes;

10° De fabrication d'armes prohibées par la loi ;

11° D'embauchage ;

12° De soustraction de deniers publics ;

13° D'avoir pris sans droit ni motif légitime le commandement d'une troupe armée ;

14° De soustractions d'actes et de titres dont ils étaient dépositaires ;

15° De vol de papiers à l'aide de violence en alléguant un faux ordre de l'autorité ;

16° De bris et scellés et vol de papiers publics?

La délibération du conseil a duré jusqu'à 7 heures.

Il rentre alors en séance et M. le président donne lecture d'un long jugement qui spécifie chacun des assassinats, chacun des faits d'incendie à la charge de chaque accusé.

Les réponses aux questions posées sont toutes, à l'unanimité, affirmatives contre Ferré.

Assi est reconnu coupable, à l'unanimité, sur toutes les questions, sauf celles relatives aux otages et aux arrestations arbitraires.

Urbain est déclaré à l'unanimité coupable sur toutes les questions, sauf sur une où il est déclaré non coupable par six voix contre une.

Il y a des circonstances atténuantes en faveur d'Urbain.

Billioray est reconnu coupable sur toutes les questions, sauf sur celles relatives aux arrestations.

Jourde, reconnu coupable sur toutes les autres questions, est déclaré non coupable du massacre des otages et des incendies, non plus que du bris des scellés.

Des circonstances atténuantes sont reconnues en sa faveur.

Trinquet est déclaré coupable sur toutes les questions. Il y a des circonstances atténuantes en sa faveur.

Champy, reconnu coupable à l'unanimité sur ces questions, est déclaré, à la minorité de 3 contre 4, non coupable des assassinats et aussi des incendies, non plus que des arrestations.

Régère est déclaré coupable à l'unanimité sur toutes les questions, sauf sur celles relatives aux assassinats.

Lullier est déclaré coupable à l'unanimité sur toutes les questions.

Rastoul est déclaré coupable, sauf des assassinats et des incendies. Des circonstances atténuantes sont reconnues en sa faveur.

Grousset, reconnu coupable sur les questions principales, ne l'est pas sur les chefs de destruction de monuments, d'enlèvement de titres et de vol de papiers.

Verdure n'est pas déclaré coupable des chefs d'assassinats, d'incendie, d'arrestation arbitraire.

Descamps est déclaré non coupable sur toutes les questions.

Clément est déclaré non coupable, sauf sur la question d'usurpation de fonctions.

Des circonstances atténuantes sont admises en faveur de Clément.

Courbet n'est déclaré coupable que sur la destruction de la colonne.

Parent est déclaré non coupable sur toutes les questions.

En conséquence le conseil :

Condamne Ferré, à l'unanimité, à la peine de mort.

Assi, à la peine de la déportation dans une enceinte fortifiée.

Urbain, aux travaux forcés à perpétuité.

Billioray, à la peine de la déportation dans une enceinte fortifiée.

Jourde, à la déportation simple.

Rastoul, à la déportation simple.

Trinquet, aux travaux forcés à perpétuité.

Champy, à la déportation dans une enceinte fortifiée.

Lullier, à la peine de mort.

Régère, à la déportation dans une enceinte fortifiée.

Grousset, à la déportation dans une enceinte fortifiée.

Verdure, à la déportation dans une enceinte fortifiée.

Ferrat, à la même peine de la déportation dans une enceinte fortifiée.

Clément, à la peine de trois mois d'emprisonnement.

Courbet, à la peine de six mois de prison.

Acquitte Descamps et Parent, qui seront mis en liberté.

FIN.

Imprimé par Ch. Noblet, rue Soufflot 18.

www.ingramcontent.com/pod-product-compliance
Ingram Content Group UK Ltd.
Pitfield, Milton Keynes, MK11 3LW, UK
UKHW012205240726
13966UKWH00002B/582

9 782011 763372